百年雅安档案珍赏

雅安市档案馆　编

四川科学技术出版社

图书在版编目(CIP)数据

百年雅安档案珍赏 / 雅安市档案馆 编 .—成都:
四川科学技术出版社,2021.11
ISBN 978-7-5727-0366-9

Ⅰ. ①百… Ⅱ. ①雅… Ⅲ. ①雅安—地方史-档案资料 Ⅳ. ①K297.13

中国版本图书馆 CIP 数据核字(2021)第 224462 号

百年雅安档案珍赏
BAINIAN YA'AN DANG'AN ZHENSHANG

编　　者　雅市安档案馆
出 品 人　程佳月
责任编辑　谢　伟
封面设计　成都未来人图文设计有限公司
责任出版　欧晓春
出版发行　四川科学技术出版社
成都市槐树街 2 号　邮政编码 610031
官方微博:http://e.weibo.com/sckjcbs
官方微信公众号:sckjcbs
传真:028-87734035
成品尺寸　210mm×285mm
印张 7.75　字数 155 千
印　　刷　成都市标点制版印务有限责任公司
版　　次　2021 年 11 月第一版
印　　次　2021 年 11 月第一次印刷
定　　价　78.00 元
ISBN 978-7-5727-0366-9

《百年雅安档案珍赏》编纂委员会

总 策 划： 刘 江

主　　编： 刘 江

副 主 编： 陈吉学 宋 力 陈 杰 詹国斌

执行编辑： 罗光德

编　　辑： 杨朝慧 马贵清 黄 岚 吴文涵
吴 雪 张明涛 刘哲蒙 刘晨希
张雨瀚

主编单位： 雅安市档案馆

协编单位： 雨城区档案馆 名山区档案馆 天全县档案馆
芦山县档案馆 宝兴县档案馆 荥经县档案馆
汉源县档案馆 石棉县档案馆

铭记历史　砥砺前行

·刘　江

2021 年是伟大的中国共产党成立 100 周年。从上海、嘉兴南湖游船上秘密召开中共一大，到后来中国工农红军长征取得胜利，再到建立中华人民共和国走进新时代，历史翻开了新的篇章。中国共产党成长壮大胜利的历程，在红色雅安烙下了不朽的印记。

100 年来，雅安从清末民国初年的纷乱、从中华人民共和国成立前的贫穷落后，到中华人民共和国成立后人民翻身当家做主人，再到改革开放、进入中国特色社会主义新时代，历经一段段脱胎换骨的涅槃历程。走进馆藏丰富的市、县（区）档案馆，翻开一卷卷珍贵的雅安地方档案，搜寻出雅安人民从苦难深渊到幸福生活、从城乡旧貌到蝶变新生的地方档案并编纂成书，让读者从档案真实的角度，厘清雅安的百年发展巨变，让雅安 143 万人民永远铭记历史、砥砺前行，携手开创更加崭新的未来。

2020 年下半年以来，我们整合市、县（区）档案馆丰富的馆藏资源，从多达二十余万卷开放档案中精选，并从国内多家档案馆、图书馆、博物馆及社会广泛搜集征集，整理出记录雅安巨变的一份份珍稀档案资料，清晰地勾勒出百年雅安历史画卷。希望我们的努力能为雅安档案文化建设做出一份贡献，并为建党 100 周年献上一份微薄之礼！

2021 年 6 月

目录

川边纷乱

1911年辛亥革命后，风雨飘摇的清王朝土崩瓦解。帝国主义势力加紧对西藏进行侵略，在英国支持下，西藏地方武装攻入川边，川边陷入一片混乱。民国元年（1912年），袁世凯调四川都督尹昌衡任川边镇抚使兼西征军总司令，率兵西征。云南都督蔡锷也派滇军入川边声援。川军大破西藏地方武装于理塘、巴塘之间，收复察木多、乍丫各地。外患正殷，国脉飘摇，之后陈遐龄、刘成勋、刘文辉相继占据川边，军阀蜂起，战祸频仍，大小军阀皆通过武力争夺割据控制地盘。川边由于连年的战争不息，造成一个兵多匪多、群雄割据、横征暴敛、烟毒流布、民不聊生的特别乱世。

張垣管轄問題

某社云，關於張家口地域之隸屬問題，在去年王承斌督直，王懷慶爲熱察綏巡閱使時早已有所磋商，因張家口爲北方商埠，有大宗稅收之關係，故爲當局者所注意，直隸長官之意，以該地位係直省轄境，行政上當然應由直省管有，察哈爾都統，應請覓易相當處所遷治，而一方面則因沿革上向察區長官向駐張垣，遷治爲事實上所難於辦到，遂迄未解決，及去冬政局革政，李景林督直而張之江爲察區都統，李方對於此事，復屢次提議擬收歸直轄，請張遷察區相宜地點，以請界限，信使往返，屢經磋議，據前日報載，有李張雙方已商定張家口城市商埠範圍中之一切行政管理及稅收，可仍歸察區都統主管征收，暫不遷治，其張垣郊外及商埠以外屬境之管轄權，則由直隸省長當局收回之說，此事似已可告一段落，但據某方消息，則謂上項已有妥議之說，似非確訊，李景林方面，似殊有完全將張家口屬境收歸直省管轄之意，其最小限制，須以大境門爲界限云，　A

劉成勳在雅安被楊軍包圍

▲九日永川方面之戰訊

北京十三日電通消息，外人方面得重慶十日電云，劉成勳出兵新津之始，原約鄧錫侯會攻成都，乃鄧軍兵至崇慶，忽告中立，向金堂北面退却，故使劉軍一敗新津，再敗溫江，現駐雅安殘部，不滿五千，子彈僅餘二三萬發，劉文輝陳洪範近疊催劉反攻榮縣，或向北再襲新津，牽制楊軍後路，但威遠自流井方面，何陳軍隊聯絡扼防陳遐齡所部邊軍，又越邛崍前進，劉軍現困於包圍中云，

漢口十一日電通電，據探報，九日中永川方面楊軍郭白軍隊，又與賴劉（文輝）各軍劇戰一次，郭部初稍挫，而楊部王陳兩軍，由隆昌瀘縣分道趨永，適應救援，賴部卒敗，退據江北，袁祖銘銜北方電令，向永川前線扼阻，楊軍尤退隆昌，其東路楊軍，原定由墊江南下，因永川戰事未經解決，不能進窺長壽，重慶暫可保全云，　K

▲1925年，川边为各方势力角逐之地（1925年5月14日《京报》）

星期日　　中華民國十四年三月一日　　晨報

政府重用劉湘後之西南形勢

雅州漢源間戰事可因此結束
撤川滇邊防表示不對滇用兵
川中各軍之派別

【重慶特約通信員仲濤】

自段祺瑞就總執政以來，對於各省區封疆大吏，不能不予以羈縻，藉安反側，因此孫傳芳蕭耀南劉鎮華之徒，雖平日與曹吳關係較深，至是亦博得新寵命。惟川中之楊森鄧錫侯等人，獨名落孫山之外，此間一般人，頗引以爲詫異，有知其底蘊者，謂段氏非忽然於川軍，其本意欲重用劉湘，俾其以川省長兼督辦四川軍務善後，特因未盡明瞭川中真相何如，以中央所遣派之正式代表黃雲鵬，徐鳳書兩氏，又逗遛京師未即入川，故川中軍民兩長之任命，段政府遲遲未敢即行發表耳。迨至近頃，又

忽然發表

仍以楊森督辦川軍善後事務，改任賴心輝爲四川省長，究何以故？據此間所聞，有兩大原因：（一）劉成勳之第三軍，與陳遐齡之川邊軍，在雅州漢源之間發生戰事，互有勝負，久不解決，若不速予以結束辦法，恐將戰禍蔓延，終影響於大局。（二）因唐繼堯熊克武素倡會師武漢之議，滇軍由桂黔潛進，熊湯又由常德以進窺石首公安，川中各軍，亦大有躍躍欲試之勢。若不速將楊森賴心輝安殘，則援鄂云云，雖免不成爲事實。具此兩種原因，而中央更動四川督理省長之兩命令下矣。段氏之所以仍用楊森督辦四川軍務善後，及舍棄鄧錫侯而用賴心輝者，實別有用意，頗有研究之價値。又段氏除用楊賴外，別以川邊一位從嫩銜劉成勳，且俾劉湘氏高譴題顚，統提川邊四川兩省區最高之軍權，此種辦法，更有研究之價値。此中之關鍵，則以四川

軍隊複雜

統計共約有二三十師，劉湘爲一大部分。楊森爲一部分。鄧錫侯爲一部分。劉成勳賴心輝各爲一部分。中立派如劉文輝陳洪範等爲一部分。劉存厚本人，則說不上什麼勢力，此特就小部分分析言之，如爲概括的觀察，則實在祇有劉湘劉存厚兩部分，何也。鄧錫侯，田頌堯，陳國棟，皆隸屬劉存厚者也。楊森，唐式遵，李樹森，潘文華，王方丹，楊國由，陳蘭亭，楊春芳諸人，皆隸屬劉湘者也。劉成勳所部早歸劉湘節制，賴心輝則屬劉湘直接管轄。劉文輝陳洪範更惟劉湘之馬首是瞻。劉存厚之勢力，持以與劉湘較，直十與二之比較。中央如欲四川與川邊

消弭戰禍

祇有三策：上策以劉湘督軍兼省長。中策以劉湘爲督軍，以楊森爲省長。下策，即此次政府所發表命令之辦法。蓋川中頭腦太多，平時又彼此各不相下，非有劉湘統治一切，結果仍不免於打仗。惟有劉湘主持於上，有楊森及賴心輝劉成勳三人以扶助於下，第一步能首先免去川省之戰禍，此即段氏利用劉湘統握川邊四川兩省軍權之用意。此外則段欲對唐繼堯使用懷柔政策，劉既統轄川康兩省區，川滇邊防一職，當然無形消滅，以表示對雲南不復用兵之意。段祺瑞之對付川局，其亦煞費苦心也。

（二月十二日）

▲ 二刘大战后，刘文辉兵败退守雅安，开始全力经营西康（1925年3月1日《晨报》）

邊軍包圍雅安

劉成勳退守滎江

雅州快信云：三軍此次襲取川邊，號稱一師兩混成旅。十二月中旬以前，分兩路進攻，均佔優勢。中旬以後，邊軍分頭反攻，驅逐三軍。旬日之間，三軍由鑪城至雅安，敗退五百餘里，損失達四團以上。其健將羅旅子舟，在前方陣亡。洪旅友三身被重傷，於昨日（一四日）逝世。臨旅文彬亦被重傷，胸部已爲洞穿，命危旦夕。現邊軍仍由四路追擊，一由瀘定繞道九把鎖，抄出觀音鋪，一由打箭鑪繞道天全蘆山，出飛仙關。一由漢源繞道號子口抄出。一由滎經繞道飛龍關抄出。均向雅安猛撲。刻雅安已受包圍。劉成勳在新津聞信，深爲恐慌，擬親赴雅安督戰。殊行至邛崍，即聞前方已不可收拾。又被股匪將大通橋之交通斷絕，遂繞道赴蒲江大邑一帶，收隊赴新津，據取條械繳儲存之子彈，以爲衛身計。其大部已進，退無據矣。查此次三軍失敗，而由邊軍勇悍善戰，亦因三軍進佔邊地時征發騷擾，鷄犬無遺，以致人民憤激。民團亦加入戰鬥。復加楊森協助邊軍子彈，並出兵援助。劉部首尾受敵，大起恐惶。故有此大失敗云云。

▲ 川边时期，雅安境内兵祸连连（1925 年 1 月 19 日《晨报》）

於近日偕同蔡鉦猷親至桃源校閱軍隊，又將與湯子模至澧州，與林支宇至石門，校閱湯林所部，聞滬將以聯軍名

可謂[illegible]矣，惟軍餉支絀，給養艱難耳。（一月十四日）

川邊軍出佔雅安

（重慶特派員不阿）

△劉成勳退駐漢源大編所部‖尹昌衡出作調人現已停止戰事

川軍反攻邊軍，現又大敗，近且原駐後方之雅安（舊雅州），亦被邊軍大隊圍攻，三軍勢力不支，遂爲邊軍羊清泉佔領，其邊軍進攻路，一部係由打箭鑪小道繞至天全屬之始陽鎮，與正面在滎經屬之新場安樂村兩邊邊軍會合出攻，一部由打箭鑪繞道抄到九把鎖地方出攻，三軍初尚死力抗守待援，繼因藍文彬旅已在瓦斯溝督戰受傷甚重，兵士畏戰心餒，多半潰散，及劉成勳行抵邛崍，而雅安已失矣，劉於是時，亦無法制止，即由邛崍繞道蒲江大邑退駐漢源，所有藍[illegible]屯住雅安軍械餉彈，因倉猝退出，全都損失罄盡，三軍對於是役，可謂折兵將虧元氣之甚矣，但據漢源歸客談及，此次三軍一再失敗原因，雖由邊軍假投楊團爲其內閧，有以召敗，其實邊軍兵士亦悍勇異常，極爲軍所不及，衆邊地人民久受邊軍蔭庇甚深，三軍猝爾深入，半多心存歧視，故對於三軍徵發糧食去後，則多逃避不前，於邊軍則踴躍輸將，大有簞食壺漿之概，即關外喇嘛亦心向邊軍，現尚在鑪城從中接濟軍實，輔助反攻云，劉成勳經此打擊，益抱不服，現正在漢源一帶大募新兵，補充缺額，更一面調集前敵殘餘部隊改編爲混成旅，前任旅長如洪彝任宗熙等，概作撤換，並調藍世鉦師長另任爲後備司令，其原任七混旅蘇艮聽少將，則另改編爲護衛營，而劉成勳之川邊鎮守使行署，業於前月二十八日由滎經移駐漢源鑪城鎮，鎮署未移事務，則令由參謀長楊芳毓代行拆，惟邊軍前隊，亦僅抵雅安而止，未再深追，與雅安寧遠方面法團，恐兵禍蔓延無已，正力請川當局從中調解，尹昌衡亦於昨受托，由省門道赴新津，專任調停，不知能得達圓滿結果否，俟探再誌，

川省駐軍宰割教育經費

（重慶特派員不阿）

川省教育基金一稅，自前此高唱獨立以來，雖經[illegible]學運年一致運動實現，

雅安　已交復被提去三軍四師部屬

名山　同上　同上

▲ 1924 年，四川暂编陆军第三军军长刘成勋与陈遐龄争夺宁属和雅属防地，发生战斗。1925 年，刘成勋改任二十三军军长，请四川军政府调停与边军之战，刘成勋部驻防雅安、荥经（1925 年 1 月 22 日《益世报》）

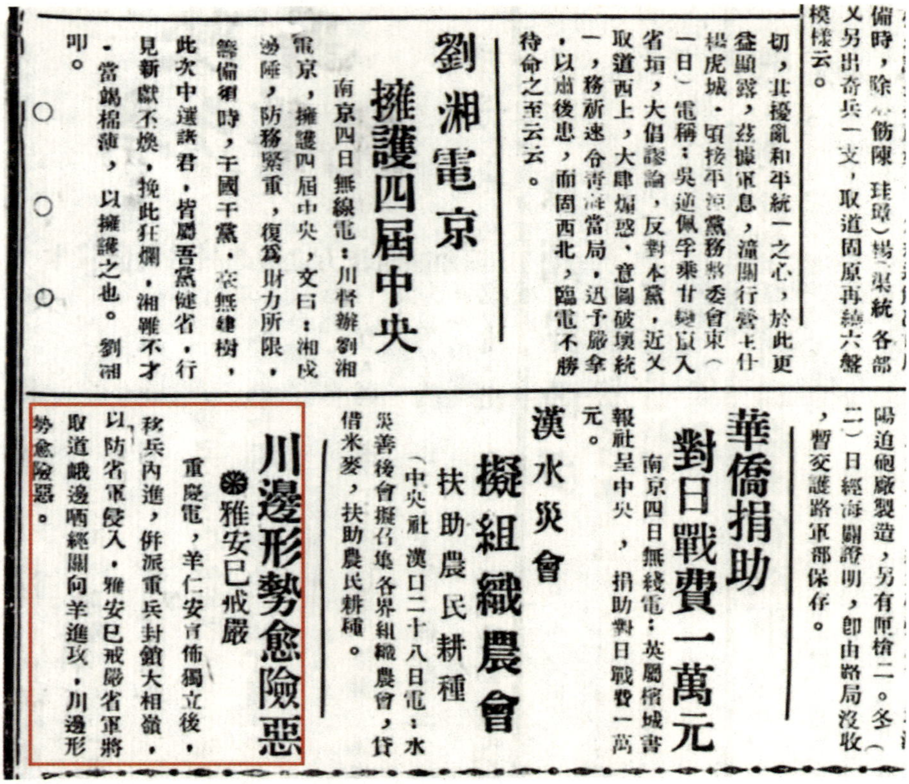

備時，除[illegible]飭陳（珪璋）楊（渠統）各部
又另出奇兵一支，取道固原再繞六盤
模樣云。

切，其擾亂和平統一之心，於此更益顯露，茲據軍息，潼關行營[illegible]楊虎城，頃接平涼黨務整委會東（一日）電稱：吳逆佩孚乘廿變竄入省垣，大倡謬論，反對本黨，近又取道西上，大肆煽惑，意圖破壞統一，務祈速令青海當局，迅予嚴拿，以肅後患，而固西北，臨電不勝待命之至云云。

劉湘電京 擁護四屆中央

南京四日無線電：川督辦劉湘電京，擁護四屆中央，文曰：湘戍邊陲，防務緊重，復爲財力所限，籌備須時，于國于黨，毫無建樹，此次中選諸君，皆屬吾黨健者，行見新猷不煥，挽此狂瀾，湘雖不才，當竭棉薄，以擁護之也。劉湘叩。

陽迫砲廠製造，另有陣槍二。多（二）日經海關證明，即由路局沒收，暫交護路軍部保存。

華僑捐助 對日戰費一萬元

南京四日無綫電：英屬檳城書報社呈中央，捐助對日戰費一萬元。

漢水災會 擬組織農會 扶助農民耕種

（中央社漢口二十八日電：水災善後會擬召集各界組織農會，貸借米麥，扶助農民耕種。

川邊形勢愈險惡 ◉雅安已戒嚴

重慶電，羊仁安宣佈獨立後，稅兵內進，併派重兵封鎖大相嶺，以防省軍侵入，雅安已戒嚴省軍將取道峨邊兩經關向羊進攻，川邊形勢愈險惡。

1931 年，川边形势险恶，雅安戒严（1931 年 12 月 5 日《西北文化日报》）

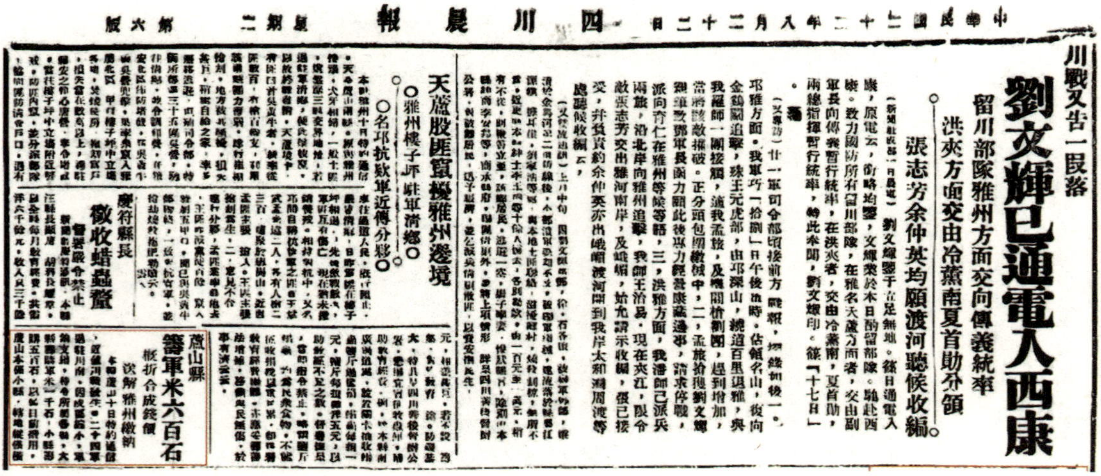

中華民國二十二年八月二十二日 四川晨報 第二張 第六版

川戰又告一段落 劉文輝已通電入西康

留川部隊雅州方面交向傳義統率 洪夾方面交由冷薰南夏首勛分領 張志芳余仲英均願渡河聽候收編

天蘆股匪竄擾雅州邊境 ◯雅州樑子坪駐軍清剿 ◯名邛抗欵軍近傳分裂

蘆山縣 籌軍米六百石

二刘大战后，刘湘、刘文辉分治川康（1933 年 8 月 22 日《四川晨报》）

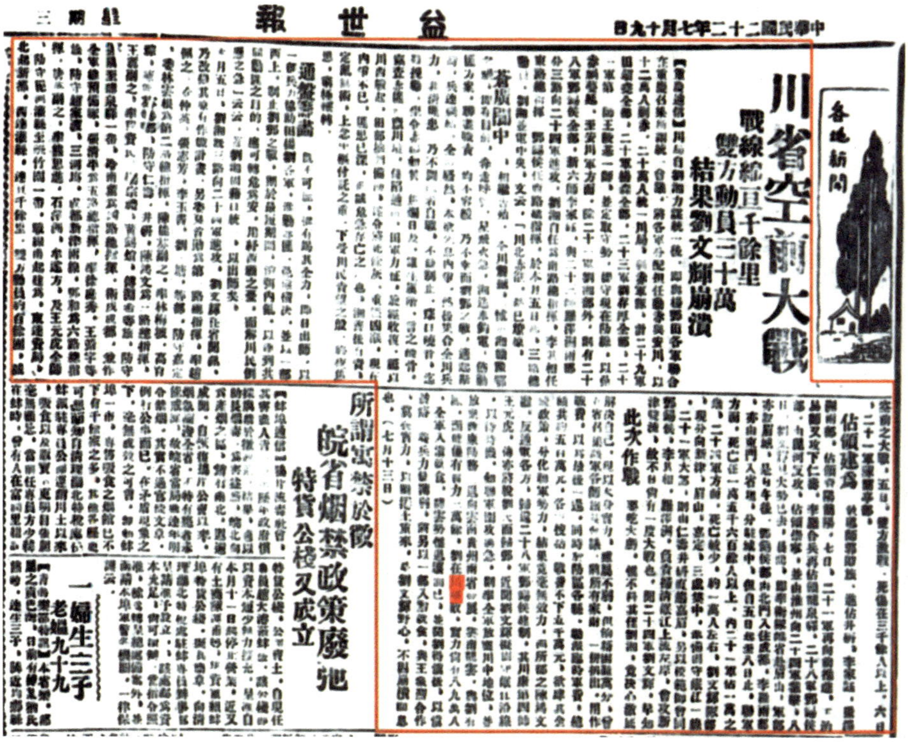

中華民國二十二年七月十九日　益世報　星期三

各地新聞

川省空前大戰

戰線綿亘千餘里 雙方動員三十萬 結果劉文輝崩潰

所謂寓禁於徵 皖省烟禁政策廢弛 特貨公棧又成立

一婦生三子 老婦九十九

刘湘与刘文辉争夺拉锯，双方动员大量兵力战斗，历时长达两年（1933年7月19日《益世报》）

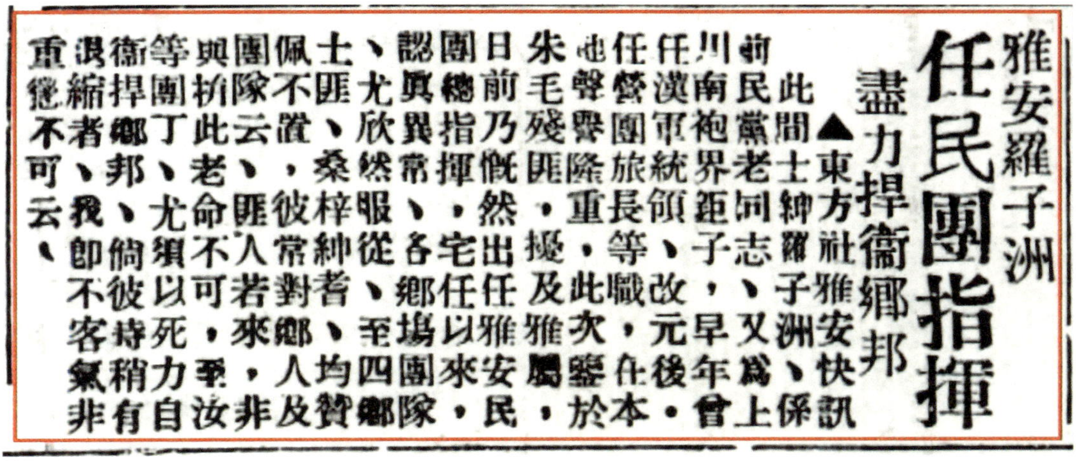

雅安羅子洲 任民團指揮

盡力捍衛鄉邦

▲東方社雅安快訊 此間士紳羅子洲、係前民黨老同志、又為上川南袍界鉅子，早年會任漢軍統領、改元後，任營團旅長等職，在本地聲望隆重，此次鑒於朱毛殘匪，擾及雅屬，日前乃慨然出任雅安民團總指揮，就任以來，認眞異常、各鄉場團隊、尤欣然服從、至四鄉士匪、桑梓紳耆、均贊佩不置，彼常對鄉人及團隊云、匪人若來，非與拚此老命不可，望汝等團丁、尤須以死力自衛捍鄉邦、倘彼時稍有退縮者、我卽不客氣非重懲不可云、

▲罗子舟（1875—1949），四川雅安沙坪人，雅安哥老会（袍哥）首领。辛亥革命时参加同盟会，1911年6月参加四川保路同志会罗泉井会议。7月21日，川南各县同志军齐集雅安，推罗子舟为川南同志军水陆会军统领。袁世凯称帝后去职闲居。西康解放前，在凉山小相岭被流弹击中（1935年6月26日《四川晨报》）

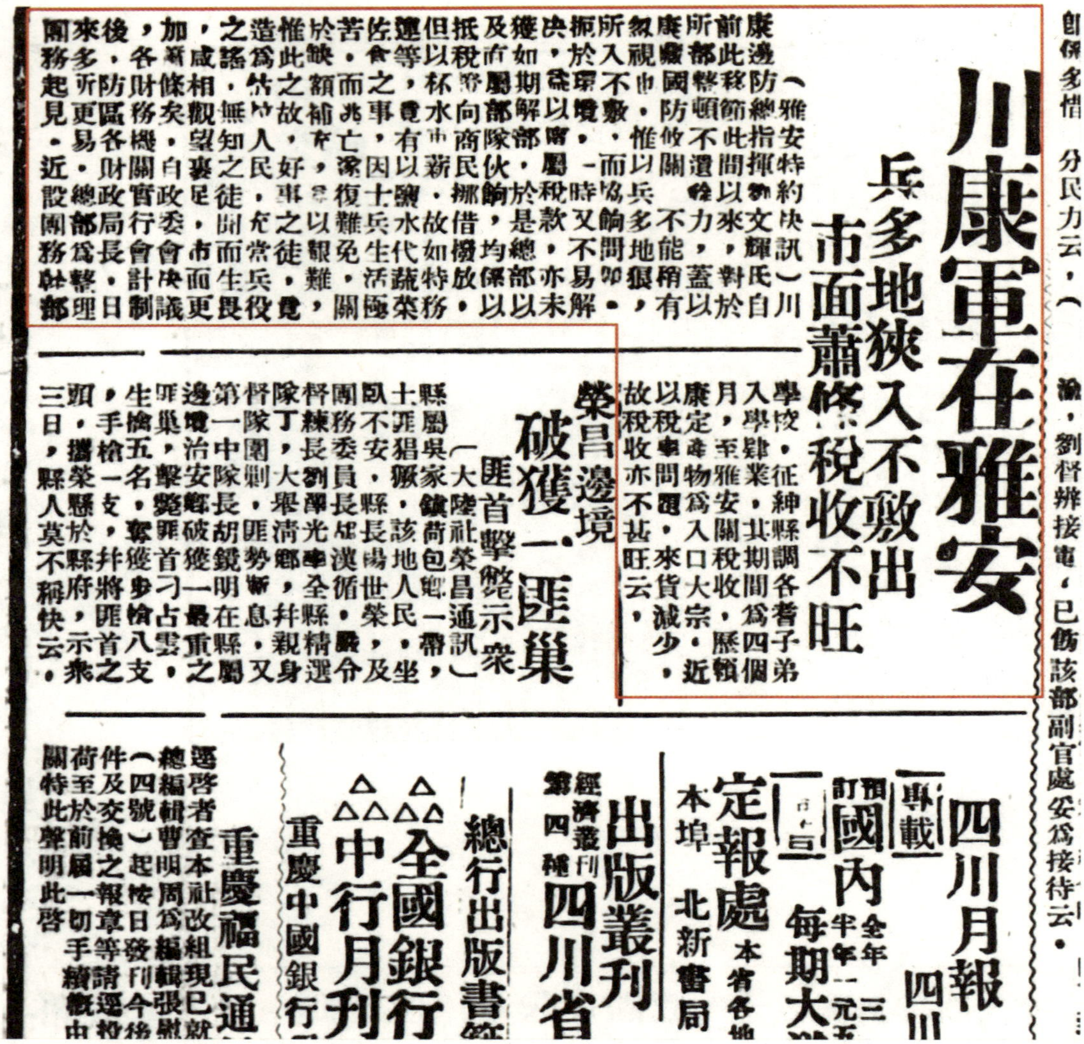

川康軍在雅安

兵多地狹入不敷出

市面蕭條稅收不旺

榮昌邊境

破獲一匪巢

匪首擊斃示衆

四川月報

出版叢刊

總行出版書籍

全國銀行

中行月刊

▲ 川康军在雅安，兵多地狭、入不敷出、市面萧条、税收不旺(1935 年 1 月 5 日《四川晨报》)

烽火抗战

日本对中国的疯狂侵略，没有吓倒英雄的中国人民，也没有吓退地处抗战后方的川康儿女。日本飞机多次飞临雅安上空对重要军事目标和民房进行轰炸，对雅安民众进行空中扫射，更加激起雅安人民支持抗战到底的决心和决不屈服的意志。大后方人民纷纷响应支持抗战，西康青年积极从军抗战，在生死攸关、保国保种的危急关头挺身而出，共赴国难！西康省成为抗战的大后方，人们在极其艰苦的环境中，积极推进各项建设和生产发展，全力以赴支持抗战。

据档案中的统计数据显示，自 1939 年西康建省至 1945 年抗战全面胜利，西康省共征召 31 118 名新兵参加抗日战争。另外，在抗战期间知识青年从军运动中，西康省还征召青年远征军 10 400 人。

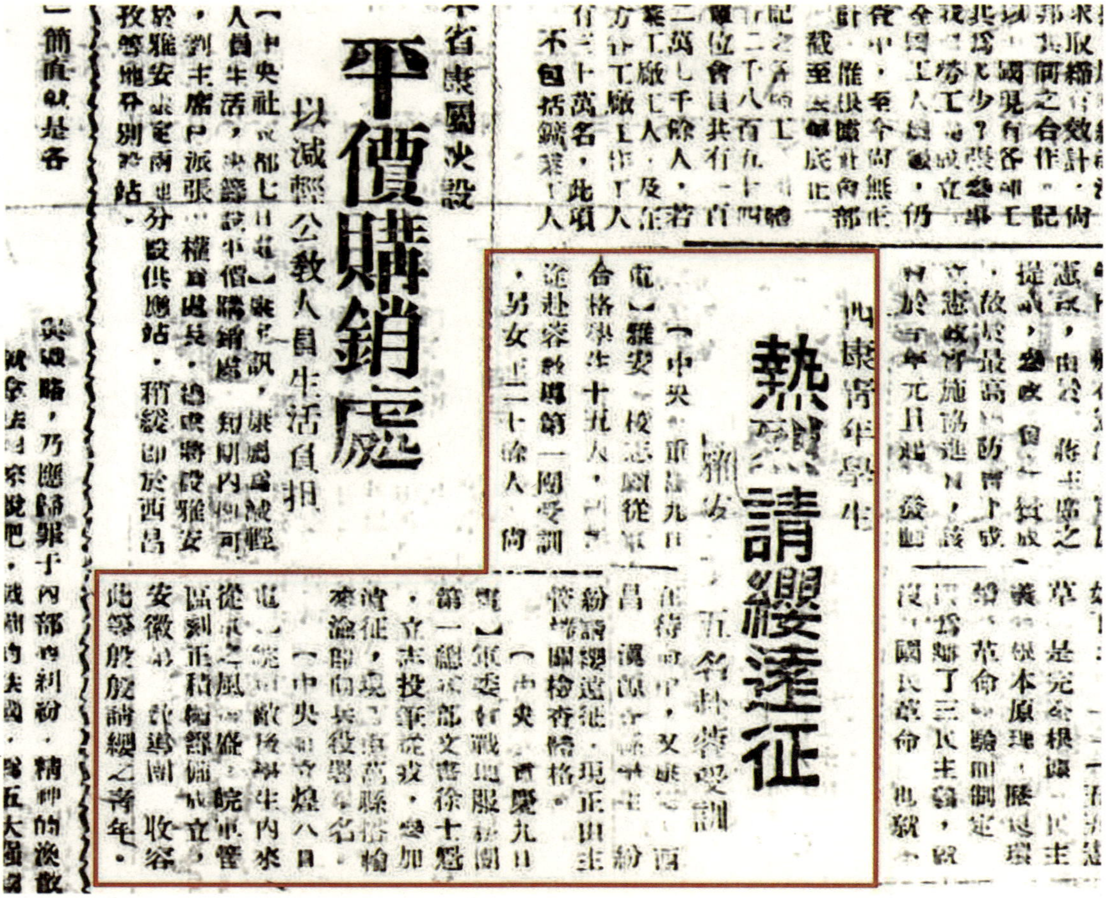

西康青年学生热烈请缨远征

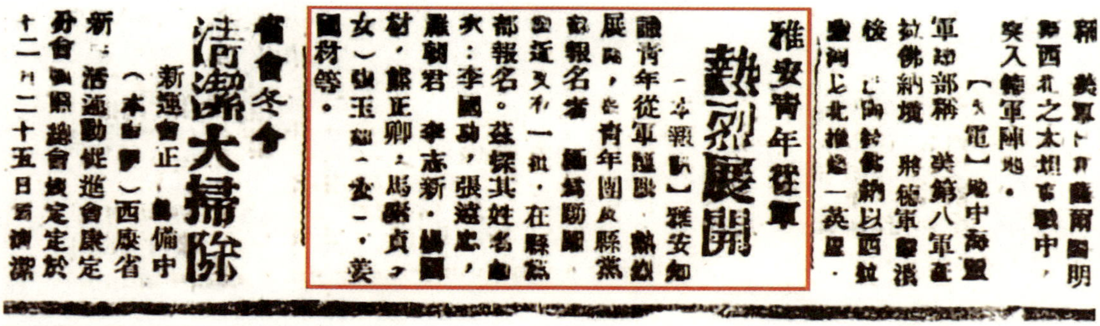

雅安青年从军抗战

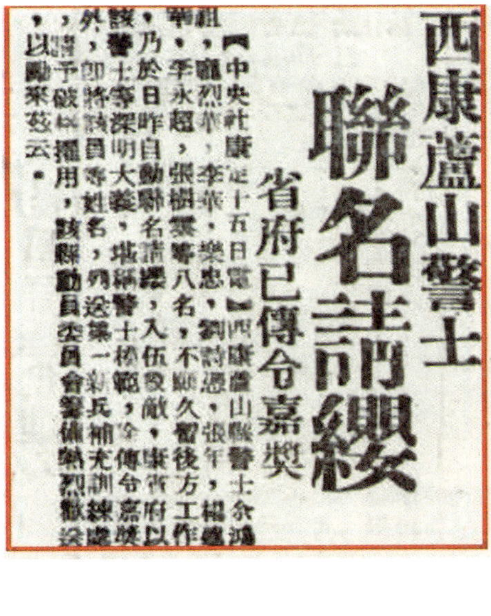

西康蘆山警士

聯名請纓

省府已傳令嘉獎

【中央社康定十五日電】西康蘆山縣警士余鴻
組，龍烈華，李華、樂忠、劉詩源、張年福鑫
華，季永超，張樹雲等八名，不願久留後方工作
，乃於日昨自動聯名請纓，入伍殺敵，縣府以
設，警士等深明大義，堪稱警士模範，全傳令嘉獎
外，卽將該員等姓名，列送集一新兵補充訓練處
，請予破格擢用，該縣動員委員會籌備熱烈歡送
，以勵來茲云。

▲ 乐以琴(1915—1937),四川芦山人。1937 年 8 月 14 日,日本空军偷袭杭州笕桥机场,乐以琴驾机升空迎敌,击落敌机一架。不久,奉命参加南京保卫战,在一个月时间里,打掉敌机八架,荣立一等功,并晋升为中尉。同年 12 月,在保卫南京的一次空战中,座机中弹,壮烈牺牲。被国民政府追认为抗日烈士

◀ 西康芦山警士参军抗战(1939 年 11 月 16 日《中央日报》)

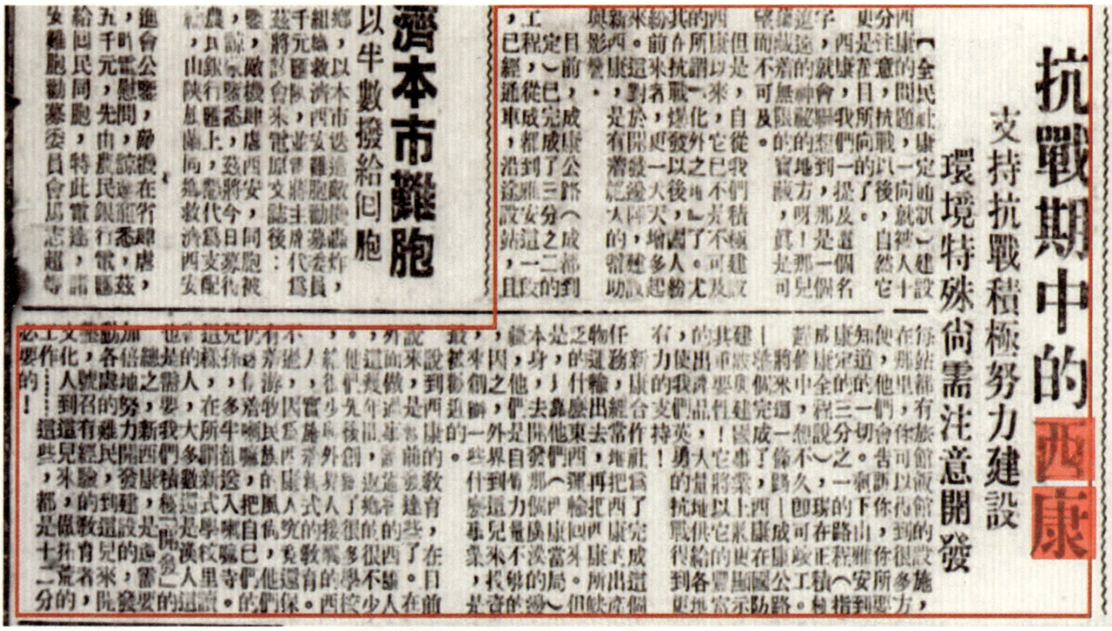
抗戰期中的西康

支持抗戰積極努力建設

環境特殊尚需注意開發

濟本市難胞

以牛數撥給回胞

▲ 西康省成为抗战的大后方，积极推进各项建设和生产发展支持抗战（1938 年 12 月 1 日《工商日报》）

▲ 1939 年 2 月，桐油通过滇缅公路外销换取武器，支援抗战

渝府將遷都雅安

重慶喪失抗戰機能

【香港廿四日電】據得自重慶情報稱、重慶因爲十九、廿兩日受日空軍徹底的轟炸、已喪失抗戰首都之機能、從來再三論議之重慶政權部內遷都論、竟急角度抬頭、至於新抗戰首都爲四川省西部僻地之雅安最爲有望、

雅安係接近西康省境、經嘉定、宜賓可通雲南、經成都高原可與西北地方聯絡之地點、蔣政向此地遷都可避免日軍爆擊之猛威、並意圖維持與西南西北之聯絡云、

重慶火光冲天

海軍機第卅二次爆擊

【〇〇根據地廿四日電】偉大火焰冲天照耀遠近 以〇〇〇機之大編隊堂堂

雨之巨彈因之將其軍事設一舉粉碎、旋由三區增永、中村(友)、鍋田編隊、急襲重慶之楊子碼頭地區予全彈投中對標之軍事施設頗予甚大害、是以於第卅二回重

宜昌付

日本飞机疯狂轰炸重庆后，美国军事人员提出渝府迁都雅安方案

雅安古塔

為空襲目標業已被折燬

（雅安消息）外北離城四五里一小山，上築一白塔，名曰塔子山，相傳已千餘年，為雅安風景之一，近因敵機轟炸後方，塔子為顯明目標，防空指揮部有鑑於此，已於八月十三日折燬，減去敵機轟炸雅城目標，雅安父老聞之大不慰快云。

婦女會明日歡迎劉夫人

（本市消息）西康省婦女會，以劉主席夫人楊蘊光女士蒞康，特發起歡迎會，曾誌本報，茲悉該項歡迎會已籌備就緒，定於明日（廿

▲ 1941 年，雅安为防日本飞机轰炸，折毁山上古塔（1941 年 8 月 23 日《西康国民日报》）

雅安附近某地曾遭敵機轟炸

人民於警報時焚紙致被投彈

（本報訊）據此間防空司令部負責方面傳出消息：日前與[illegible]蒞[illegible]有少數敵機於空襲時竄至距雅[illegible]四[illegible]里之某[illegible]，因當地居民[illegible]誤，於警報發出後，尚作焚[illegible]紙，[illegible]敵機發現，即投下炸彈，居民略被[illegible]，[illegible]死傷云。

▲ 雅安遭日本飞机轰炸（1944 年 9 月 15 日《西康国民日报》）

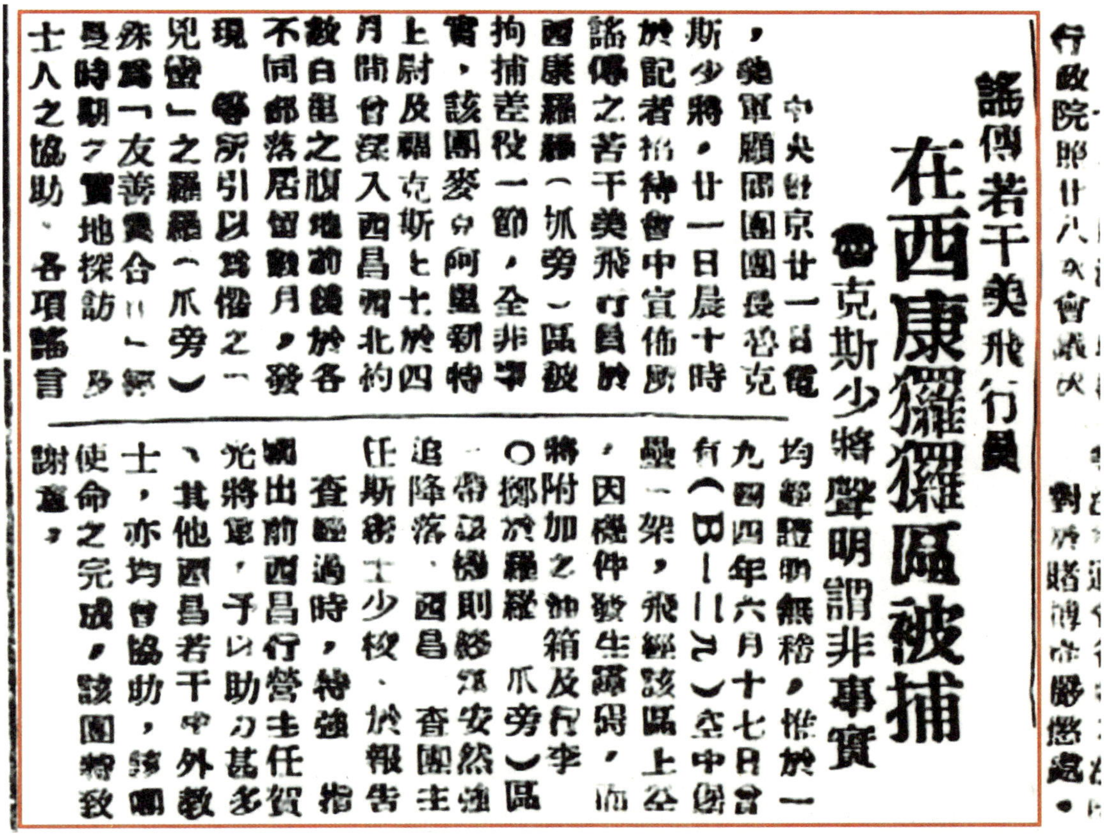

謠傳若干美飛行員在西康羅羅區被捕

魯克斯少將聲明謂非事實

中央社南京廿一日電，美軍顧問團團長魯克斯少將，廿一日晨十時於記者招待會中宣佈，關於謠傳之若干美飛行員於西康羅羅（爪旁）區被拘捕羞役一節，全非事實，該團麥克阿里新特上尉及羅克斯上士於四月間自西昌深入西昌西北約數百里之腹地前往於各不同部落居留數月，發現曾所引以爲憾之一兒童「之羅羅（爪旁）」殊爲「友善會合」……長時期之實地探訪及士人之協助、各項謠言均經證明無稽，惟於一九四四年六月十七日曾有（B－二九）空中堡壘一架，飛經該區上空，因機件發生障碍，而將附加之油箱及行李擲於羅羅（爪旁）區，〇〇該機則終安然強降落，西昌查團主任追斯……少校，於報告查經過時，特強指出前西昌行營主任賀光將軍，予以助力甚多，其他西昌若干中外人士，亦均曾協助，該團使命之完成，該團將致謝意。

▲ 谣传若干美国飞行员在西康彝族聚居区被捕，实为美国飞虎队飞机在西康境内坠落，民众积极救援（1947 年 11 月 23 日《时事日报》）

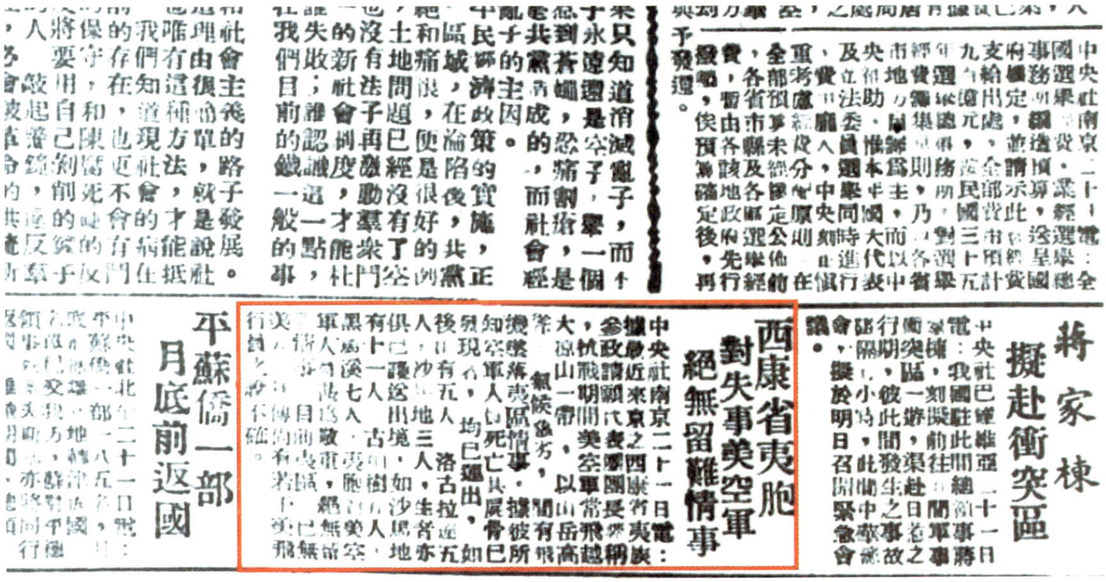

西康省夷胞對失事美空軍絕無留難情事

中央社南京二十一日電：據最近來京之西康省夷族參政請願代表團團長嶺光……抗戰期間美空軍常飛越大涼山一帶，以山岳高……氣候惡劣，……有飛機墜落夷區情事，據彼所知，空軍人員死亡其屍骨已發現者，均已運出，如……[illegible]

▲ 彝族同胞救助美国飞虎队失事机组人员（1947 年 7 月 22 日《阵中日报》）

汉源地方人士与被营救的美国飞虎队失事机组人员合影

红军长征

1935 年中国工农红军长征途经雅安时，中央红军在雅安南面的石棉县安顺场强渡大渡河，在北面的宝兴县翻越夹金山，在达维与红四方面军胜利会师，在雅安活动 1 月左右；红四方面军南下后在雅安活动达 4 月之久，并在芦山县成立了中共四川省委、四川省苏维埃政府，同时，在 7 个县建立了中共县委和县、区、乡、村苏维埃政府；进行了百丈关大战。据不完全统计，雅安境内参加红军的人数在 4 000 人以上。

中国工农红军的伟大长征，在雅安历时 5 月之久。中央红军从 1935 年 5 月 23 日进入雅安境内，到 7 月 7 日左右全部撤离，历时 1 月余。

5 月 25 日，红一团由孙继先挑选 17 名勇士组成渡河奋勇队，强渡大渡河，随后占领天全，攻占芦山。6 月 12 至 18 日，中央红军主力分两路胜利翻越了第一座大雪山——夹金山。

红军长征途经雅安，是中国革命史和中共党史上重要的一页，也是红军历经艰难险阻，最为艰苦的时期之一。强渡大渡河，三越夹金山，创造了人间奇迹。毛泽东、周恩来、朱德、邓小平等伟人在雅安留下了光辉的足迹；中华人民共和国主席刘少奇、李先念、杨尚昆在雅安生活、

学习和战斗过；十大元帅中就有朱德、彭德怀、林彪、刘伯承、罗荣桓、徐向前、聂荣臻、叶剑英等8位在雅安转战南北，英勇歼敌。

红军长征途经雅安，红一、红四方面军两大主力踏遍了雅安的山山水水，在雅安播下了革命的火种，留下了雅安人民取之不尽、用之不竭的人间最宝贵的精神财富，这就是“坚定的共产主义理想、革命必胜的信念、艰苦奋斗的精神和一往无前、不怕牺牲的英雄气概”的红军长征精神。

红军长征途经雅安，不仅建立了党的地方组织、革命政权和武装，动员了千百万人民进行革命，成立了农会、少先队、共青团、妇女会等群众组织，而且把曙光送到了雅安的城市和乡村，使人民看到了幸福和希望，唤起了雅安人民对革命的向往和觉悟。在石棉县安顺场，77名船工冒死帮助中央红军胜利渡过了波涛汹涌的大渡河；5个月中，雅安人民用忍饥挨饿省出来的粮食支援红军，粒粒米粮代表了雅安人民的一颗颗红心；在荥经县三合乡水子地的茶合岗，毛泽东主席的优秀警卫班长胡长保，为掩护毛主席而流尽了最后一滴血，长眠于深山之中；巍巍夹金山，留下了红军三次艰难跋涉的脚印；雄关百丈，红四方面军与国民党军浴血奋战七昼夜，谱写了一曲英勇顽强、不怕牺牲、为国捐躯的悲壮之歌。

▲ 清代安顺古战场地形地貌手绘图(清·《越嶲厅志》)

▲ 1935 年 5 月安顺场渡口(中国工农红军长征途中，曾经强渡安顺场渡口，后来成功夺取泸定桥)

朱毛已臨絕境

前阻大渡河後有金沙江
我空軍連日飛前方轟炸
蔣委員長坐鎮成都人心安定

成都三十日電；連日中央飛機赴前方轟炸，斃匪甚衆，毀物狼藉。朱毛已臨絕境，前阻大渡河，後有金沙江，不啻天羅地網，太平天國之翼王石達開，卽敗亡于此，可爲前鑑。

成都二十八日電；蔣委員長二十六日下午乘機抵蓉後，省垣觀感與奮，人心亦爲之安定，衆信川省剿匪軍事，在蔣親臨督剿下，不久必有顯著進展，戴季陶、陳布雷，二十八抵蓉，楊永泰偕鄧鳥階等一行，二十八日下午亦乘汽車抵省，卽赴行轅謁蔣晤談，川省府不久卽遷蓉，現蓉城事實上已成川省政治中心。

首都三十日電；陸軍第一軍馬軍長步芳，頃電稱，謂川北殘匪，近向潘松一帶潰竄，劉正派隊堵剿，並分地方人士，組興民團，協同夾擊，不日卽可聚殲。

蒋介石调集大军“围剿”红军，妄图让长征红军重蹈千古覆辙成为“石达开第二”

川匪受創分路潰竄

劉文輝到漢源指揮五路軍西移

【中央社重慶二十九日電】會理之匪、經我迎頭痛擊、受創甚鉅　近恐被我包圍、分三路潰竄、一部向冕甯騷擾、一部竄西昌、其主力則擬竄往越嶲、

【重慶二十九日下午八時發專電】駐蓉川將領潘文華、唐式遵、范紹增、王治易、孫震、郭勳祺、王元虎等、陸續赴省謁蔣委員長、

【重慶二十九日下午發專電】楊森二十九日赴大渡河前線、劉文輝亦到漢源指揮、全部即增防理番、天全、蘆山、寶興各縣、第五路軍大部亦向西移、安縣、綿陽、江油、彰明之線、由二六兩路軍担任、防務極穩、、茂縣汶川間之雁門關方面戰事激烈、匪受創甚鉅、

长征红军遭遇围追堵截，刘文辉到汉源指挥五路军西移

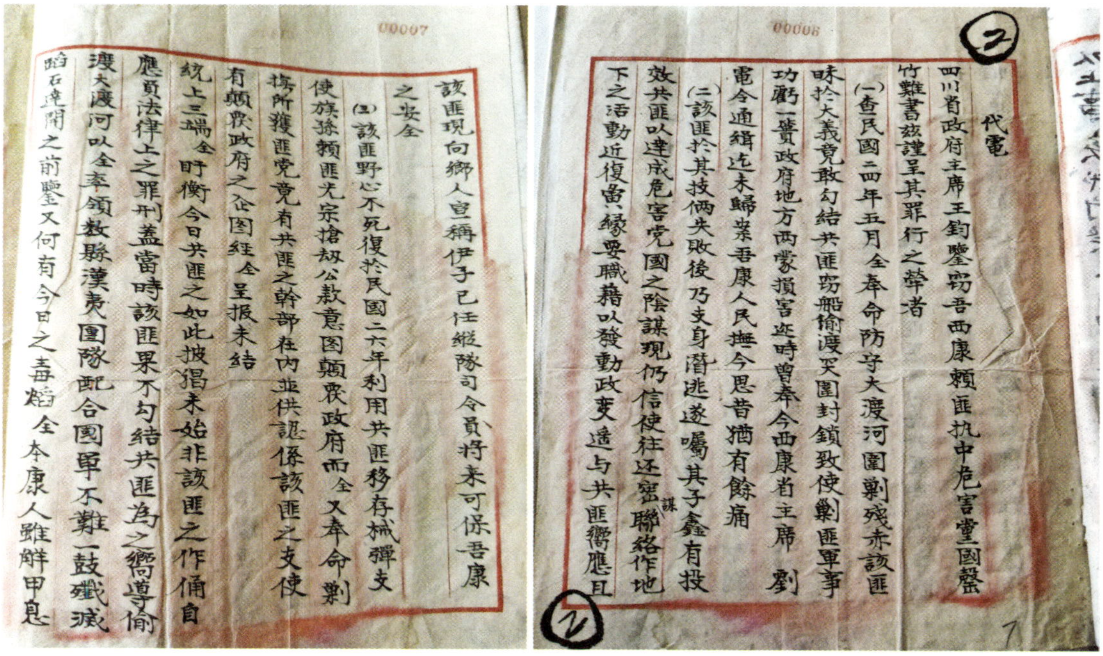

代電

四川省政府主席王劉鑒窃吾西康頼匪执中危害黨國罄竹難書茲謹呈其罪行之犖者

(一)查民國二四年五月全奉命防守大渡河圍剿殘赤該匪昧於大義竟敢勾結共匪窃船偷渡又圍封鎖致使劉匪軍事功虧一簣政府地方両蒙損害迩時曾奉今西康省主席 劉電令通緝迄未歸案吾康人民撫今思昔猶有餘痛

(二)該匪於其技倆失敗後乃支身潛逃遂囑其子鑫有投效共匪以達成危害党國之陰謀現仍信使往还密謀聯絡作地下之活動近復黽緣要職藉以發動政変遥与共匪嚮應且該匪現向鄉人宣稱伊子已任縱隊司令員将来可保吾康之安全

(三)該匪野心不死復於民國二六年利用共匪移存械彈支使族孫頼匪光宗搶刧公款意図顛覆政府而全又奉命剿捕所獲匪党竟有共匪之幹部在内並供認係該匪之支使有顛覆政府之企図経全呈报未結

統上三端全時衡今日共匪之如此披猖未始非該匪之作俑自應負法律上之罪刑蓋當時該匪果不勾結共匪為之嚮導偷渡大渡河以全率領数縣漢夷団隊配合國軍不難一鼓殲滅豈石達開之前鑒又何有今日之毒焰全本康人雖解甲息

▲ 汉源军阀羊仁安(羊清全)告密电报信件

川軍繼續克復
名山雅安各重鎮
劉湘懲處剿匪不力各師旅長
行營財監處切實整理川稅收

【成都二十四日電】軍息：我軍今克復名山雅安間各重鎮，匪攜掠投誠者甚衆，現匪殘名雅間交通已復常態，二十一軍唐部，昨先佔領馮家山新店子，同時於佔領口子岡，觀音岩後，繼續進攻，卒將中峯場、洪以店、灃溪、滿等，全部克復，劉湘昨頒佈獎懲，令遴升有功將士，並將剿匪不力師旅長分別懲處。（中央社）

【重慶二十四日電】行營財政監理處，以川省善後公債及金融庫券等，均係稅款，為基金稅收之暢旺關係金融至鉅，近為切實整理、增加稅款收入計，特呈准行營，將川省所有徵收吏、概由該處監督指導，並就省府原委各區財政視察員，均由該處更委為督徵員，對於督徵事務，並授各員以考核指導該區縣長局長之權，一面遣派督徵員六人，巡行視查，以便事權統一，茲經行營核准，已分令川省府及各督徵員遵照。（中央社）

【香港二十四日電】返湘省將領，定二十五二十六兩日，分別返防，余漢謀、李揚敬、遇後始離港返粵。（中央社）

【香港二十四日電】陳濟棠今晨十時，召返省將領到私邸談話，各區綏署，決延至明年六月始改組。（中央社）

陶德曼
瞻仰黄花崗

【香港二十四日電】陶德曼今十九時赴黄花崗瞻仰

馬君武在河大講演

昨離汴轉漢

【開封二十四日電】廣西大學校長馬君武，應河南大學之約來汴，今晨十時在該校大禮堂講演，題為中華民族之病理檢察，聽者無不動容。（中央社）

中華民族

【鄭州二十四日電】桂

▲ 刘湘惩处“围剿”红军不力的部属军官(1935年11月25日《西北文化日报》)

帮助红军渡过大渡河的船工，全部船工共77名，其中9名献出了宝贵的生命

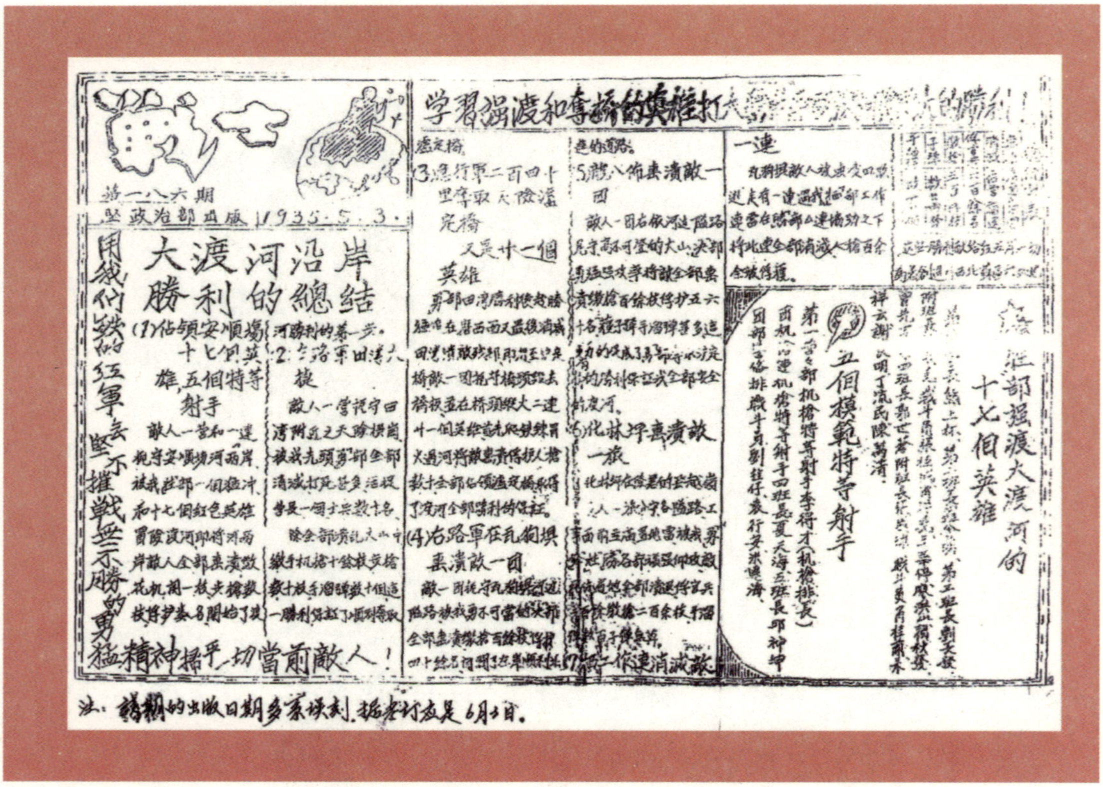

第一八六期

政治部出版 1935.5.3.

学习强渡和夺桥的英雄

大渡河沿岸胜利的总结

十七个英雄

五个模范特等射手

用我们铁的红军无坚不摧、战无不胜的勇猛精神摧毁一切当前敌人！

注：该报的出版日期多系误刻，据考订应是6月3日。

1935年5月25日，红军强渡大渡河后，又连夜急行军120千米，成功飞夺泸定桥（图为1935年6月3日刊载红军打破敌人包围圈喜讯的《战士报》）

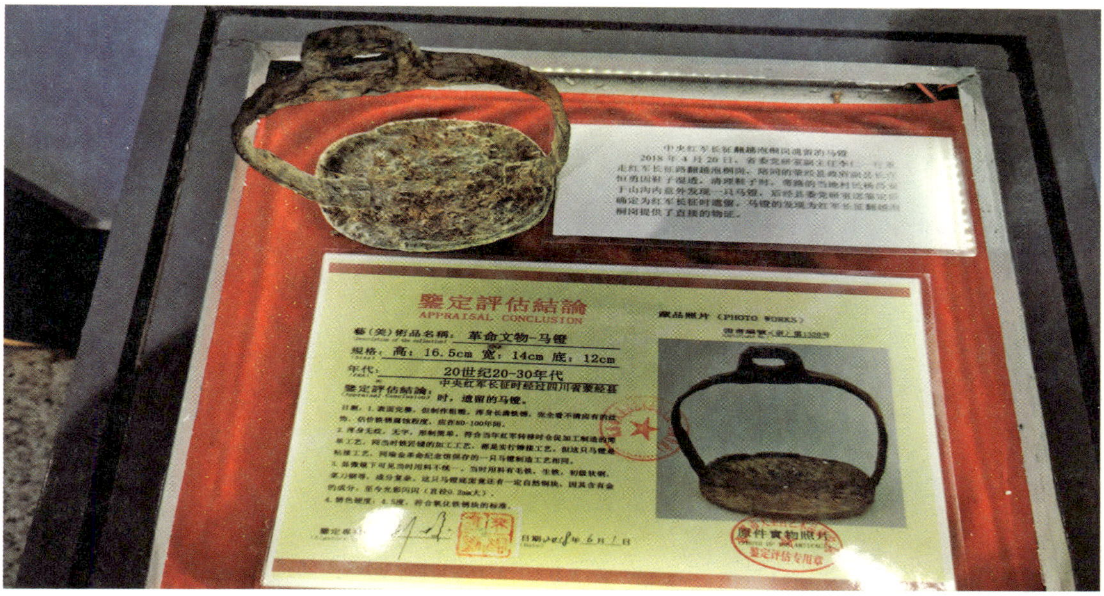

▲ 红军长征翻越泡桐岗时遗留的马镫

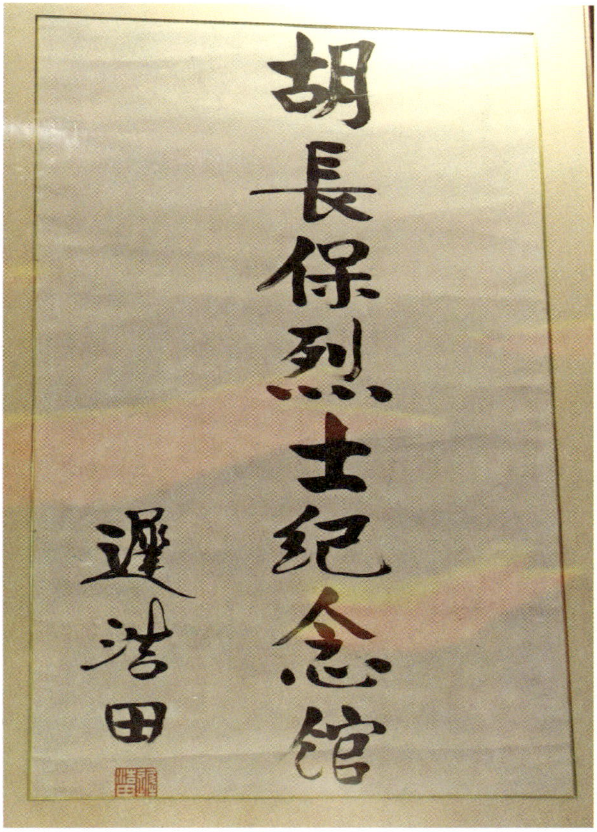

▲ 胡长保,江西吉安人,1912 年出生,1930 年参加中国工农红军。1934 年初在中央红军警卫团担任毛泽东主席的警卫班长,1935 年 6 月,为保卫毛主席在荥经县三合乡境内牺牲,年仅 23 岁(图为曾任中央军委副主席、国务委员兼国防部部长迟浩田为胡长保烈士纪念馆题词)

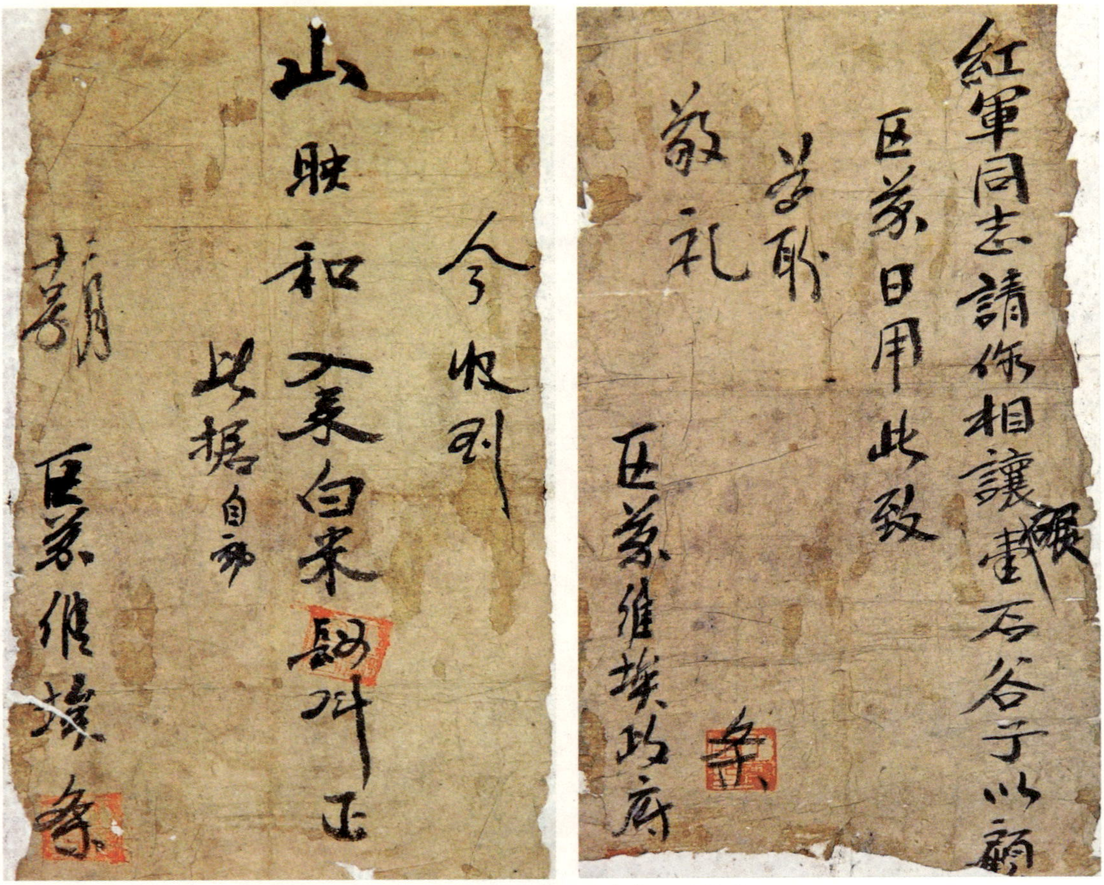

红军长征在天全留下的收条

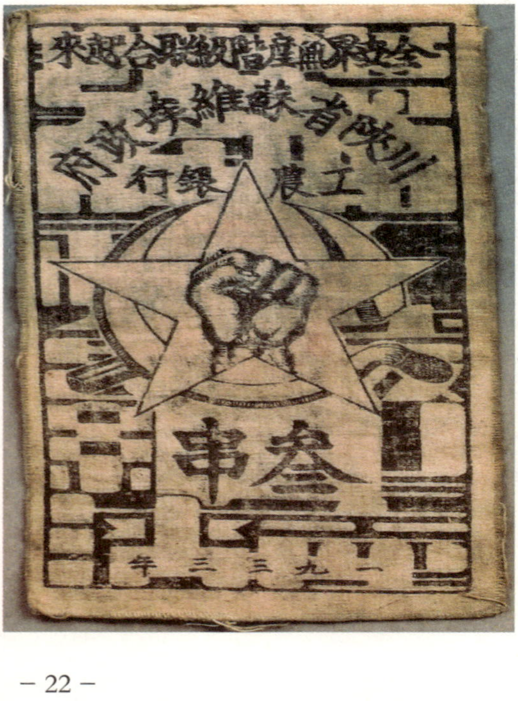

红军布币叁串。1935 年 6 月 5 日至 6 月 11 日，中央红军强渡大渡河、飞夺泸定桥后过境天全，同年 11 月 3 日至翌年 2 月 17 日，红四方面军自阿坝南下占领天全。红军在天全期间，在仁义乡程家村设立红军总部、总政治部，并在老场乡设立红军医院、红军大学

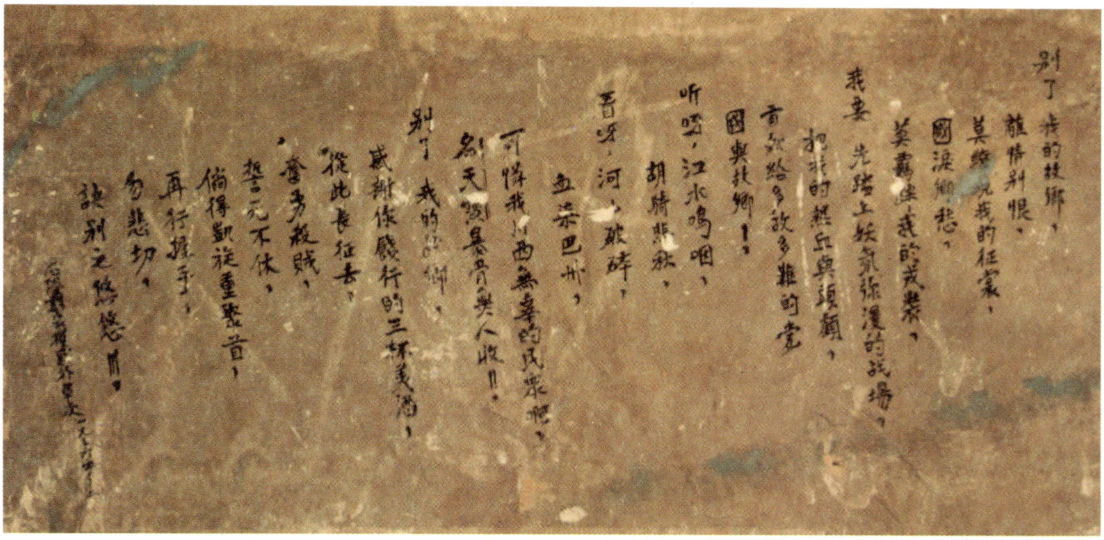

▲ 红四方面军总指挥部驻地题壁诗(在今芦山县双石镇双河村马家大院木楼泥壁上)，为重庆涪陵籍红军战士彭家模在红军北上前夕感怀之作。体现出热血儿女面对民族危亡、山河破碎的豪情壮志，体现出红军战士对革命前程充满信心、誓死报国的不屈精神

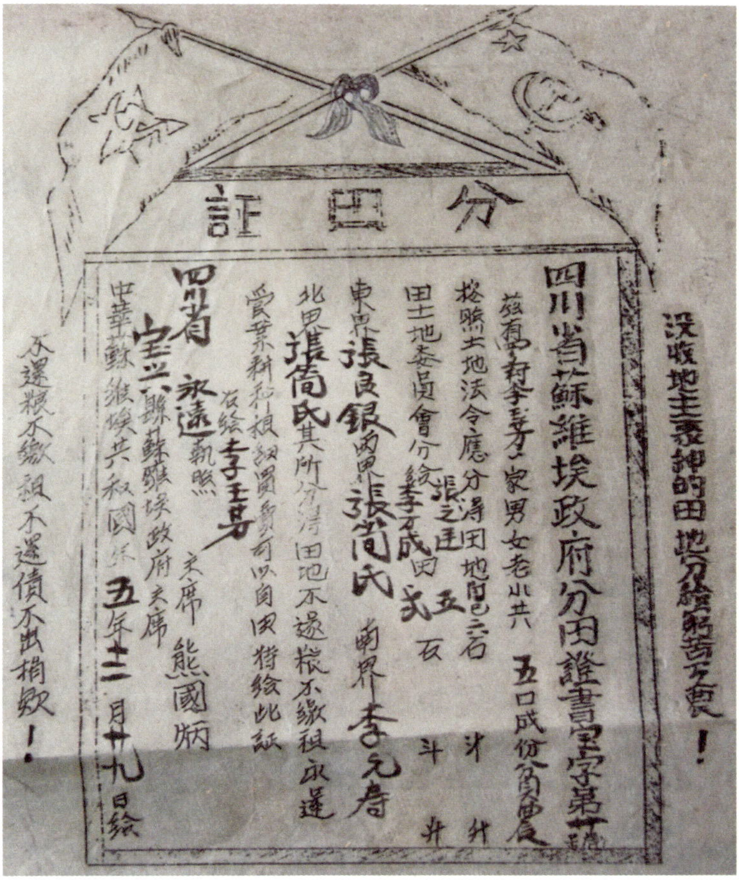

▲ 红军长征时期遗留在宝兴的分田证

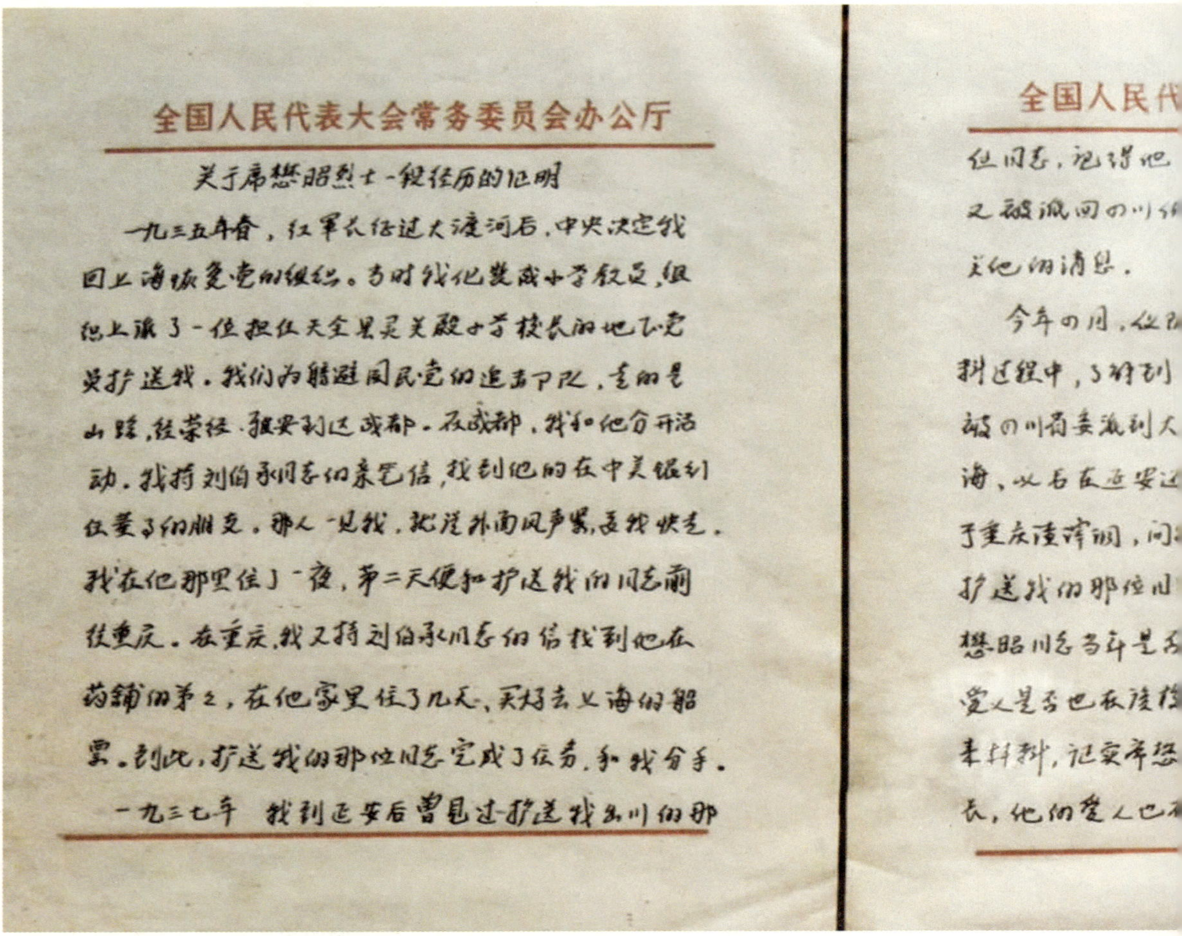

全国人民代表大会常务委员会办公厅

关于席懋昭烈士一段经历的证明

一九三五年春，红军长征过大渡河后，中央决定我回上海恢复党的组织。当时我化装成小学教员，组织上派了一位担任天全县灵关殿小学校长的地下党员护送我。我们为躲避国民党的追击部队，走的是山路，经荥经、雅安到达成都。在成都，我和他分开活动。我持刘伯承同志的亲笔信，找到他的在中美银行任董事的朋友。那人一见我，就说外面风声紧，要我快走。我在他那里住了一夜，第二天便和护送我的同志前往重庆。在重庆，我又持刘伯承同志的信找到他在药铺的弟弟，在他家里住了几天，买好去上海的船票。到此，护送我的那位同志完成了任务，和我分手。

一九三七年 我到延安后曾见过护送我出川的那

全国人民代……

位同志，记得他……

又被派回四川……

关他的消息。

今年四月，……

料过程中，了解到……

被四川省委派到大……

海，以后在延安过……

了重庆渣滓洞，同……

护送我的那位同……

懋昭同志当年是否……

党人是否也在渣……

来材料，证实席懋……

长，他们党人也……

▲1935年6月，中央红军翻越第一座大雪山——夹金山

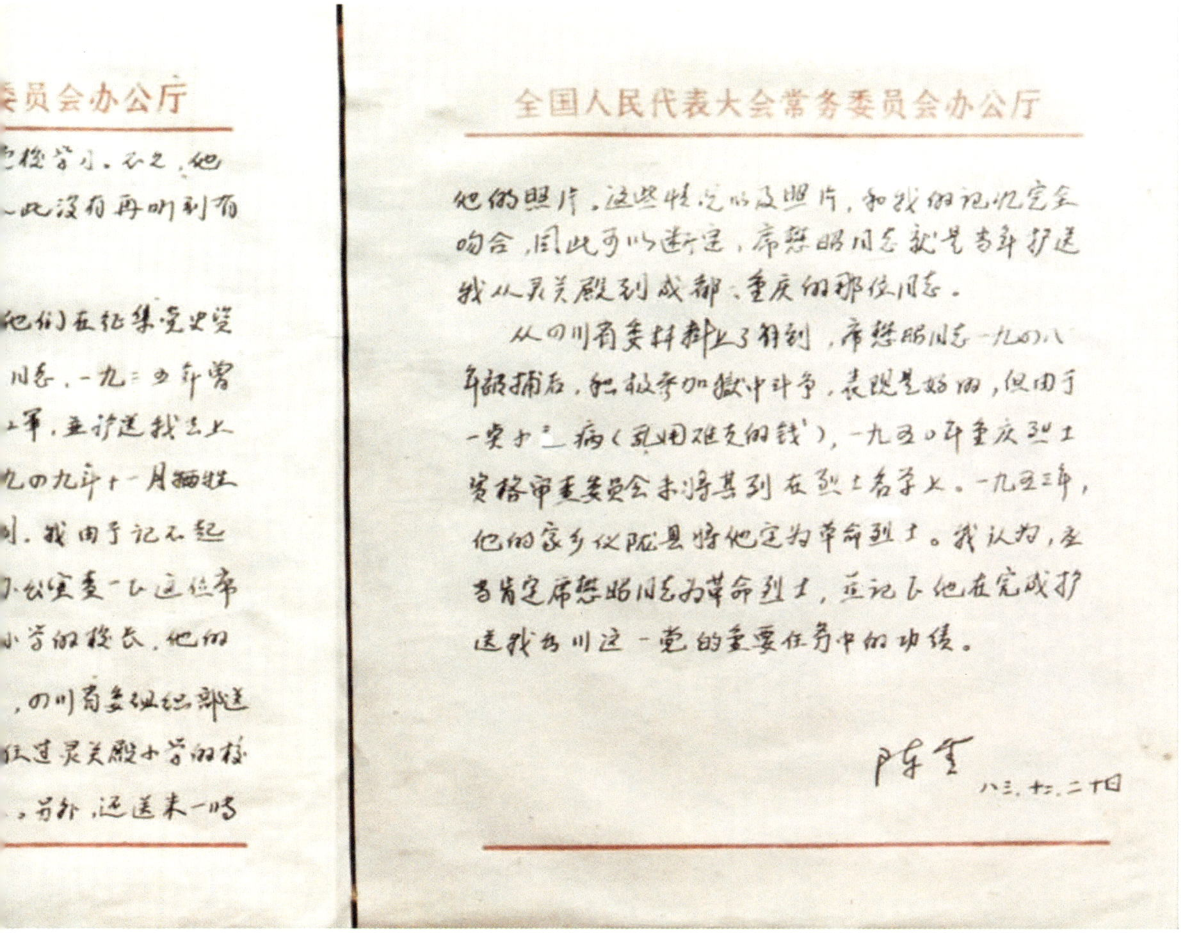

全国人民代表大会常务委员会办公厅

他的照片，这些情况以及照片，和我的记忆完全吻合，因此可以断定，席懋昭同志就是当年护送我从灵关殿到成都、重庆的那位同志。

从四川省委材料上了解到，席懋昭同志一九四八年被捕后，他积极参加狱中斗争，表现是好的，但由于一贯有[illegible]病（[illegible]），一九五〇年重庆烈士资格审查委员会未将其列在烈士名单上。一九五三年，他的家乡仪陇县将他定为革命烈士。我认为，应当肯定席懋昭同志为革命烈士，并记下他在完成护送我出川这一党的重要任务中的功绩。

陈云 八三.十二.二十日

席懋昭(1912—1949)，四川仪陇县观音乡(今先锋乡)人，又名克进、哲明。1948 年 3 月，因叛徒告密，席懋昭在雅安芦山被捕，转押在重庆渣滓洞监狱。1949 年 11 月 27 日，在狱中被国民党杀害，年仅 37 岁。1984 年，席懋昭被认定为革命烈士(图为陈云同志 1983 年为席懋昭革命经历书写的证明)

革命烈士证明书

席懋昭同志一九四九年十一月廿七日重庆渣滓洞壮烈牺牲，经批准为革命烈士，特发此证，以资褒扬。

中华人民共和国民政部

一九八四年 五 月二十八日

席懋昭革命烈士证明书

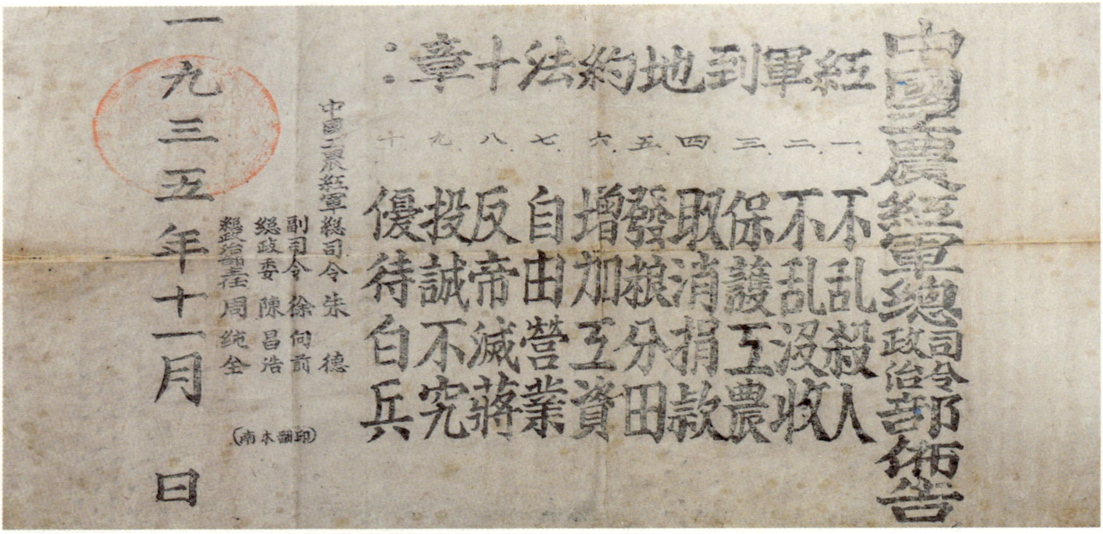

中國工農紅軍總司令部 政治部 佈告

紅軍到地約法十章：

一 不亂殺人
二 不亂沒收
三 保護工農
四 取消捐款
五 發給田分
六 增加工資
七 自由營業
八 反帝滅蔣
九 投誠不究
十 優待白兵

中國工農紅軍總司令 朱德
副司令 徐向前
總政委 陳昌浩
總政治部主任 周純全

（南本翻印）

一九三五年十一月 日

▲ 红四方面军驻天全共108天。红军到地约法十章，展示了红军以实际行动感召、教育、争取人心，为长征胜利做出了贡献

▲ 红军长征在雅安留下的石刻《中国共产党十大政纲》

西康建省

光绪三十年（1904 年），赵尔丰向四川总督锡良上“平康三策”：第一策是整顿治理西康与川滇腹地边境地区。第二策是将西康改土归流，建为行省。第三策是开发西康，联川、康、藏为一体，建西康省。1911 年，赵尔丰改署四川总督，以傅嵩炑代理边务。傅嵩炑体察边情，于当年 8 月具奏清廷，建议川边改设行省，拟名“西康省”。旋因辛亥革命爆发，清王朝垮台，建省之议遂搁置下来。

1935 年 7 月，西康建省委员会在雅安正式成立。1937 年 7 月 7 日，日本军国主义发动了全面侵华战争。广州、长沙、武汉、太原、归绥（今呼和浩特）以东的大片国土被日军占领。1938 年，武汉失守后，日军开始了对重庆的大轰炸。

“在此抗战建国期间，西康所处地位与所负责任，极形（极其）重要，消极在求后防之安定，积极在谋国防之坚强……”1938 年 1 月 25 日，国民政府行政院第 347 次会议决议，改组西康建省委员会，经国民政府同意，西康建省委员会与四川省政府协商，自 1938 年 9 月 1 日起，将四川省西部的雅安、芦山等 14 县，金

汤、宁东二设治局改隶西康。这样，西康所辖有 32 县和两个设治局。

1939 年 1 月 1 日成立西康省政府，省会设在康定。

1950 年 2 月 1 日，中国人民解放军六十二军进驻雅安，雅安军事管制委员会成立后，开始正式接管西康省的军、政、民、财工作，在接管旧政权，开展征粮剿匪、生产自救等工作的同时，开始筹建新政权机构。

1950 年 4 月 26 日，西康省人民政府正式成立，隶属于西南军政委员会。西康省人民政府初定驻康定，后移驻雅安。此时的西康全省，辖康定、九龙、义敦、泸定、雅江、道孚、理化、稻城、瞻化、巴安、盐井、甘孜、炉霍、丹巴、定乡、昌都、得荣、武成、宁静、察雅、贡县、察隅、科麦、恩达、邓柯、石渠、白玉、德格、同普、嘉黎、硕督、太昭、雅安、芦山、西昌、盐源、天全、宁南、荥经、汉源、冕宁、昭觉、会理、盐边、越嶲、宝兴、德昌、泰宁等 48 县以及金汤、宁东、普格、泸宁 4 设治局。

1955 年 7 月 5 日至 7 月 30 日，中华人民共和国第一届全国人民代表大会第二次会议在北京举行，会议决定撤销西康省。1955 年 9 月，西康省正式撤销，金沙江以东各县划归四川省，金沙江以西各县划归西藏自治区筹备委员会。从 1939 年 1 月 1 日正式建省到撤销，西康省的建制共存在了 16 年 9 个月。

1939年1月1日，西康省政府正式成立，刘文辉任主席，省会设在康定（图为上有“西康省政府”字样的城门洞）

西康省成立后，很快掀起了乐西公路、雅康公路和雅富公路三大干线建设热潮

▲ 1933 年 4 月的雅安平羌渡口(在今雅安大桥附近)

▲ 西康雅安水力电厂新机落成典礼纪念

西康雅安水力电厂把雅安城区分为5个片区轮流供电，西康雅安水力电厂经理徐志翔以济康银行襄理王家模为代办进行具体管理，下设发电、营业、供电、会计、总务5个股。1943年，整个雅安县城安装电灯3 000余盏

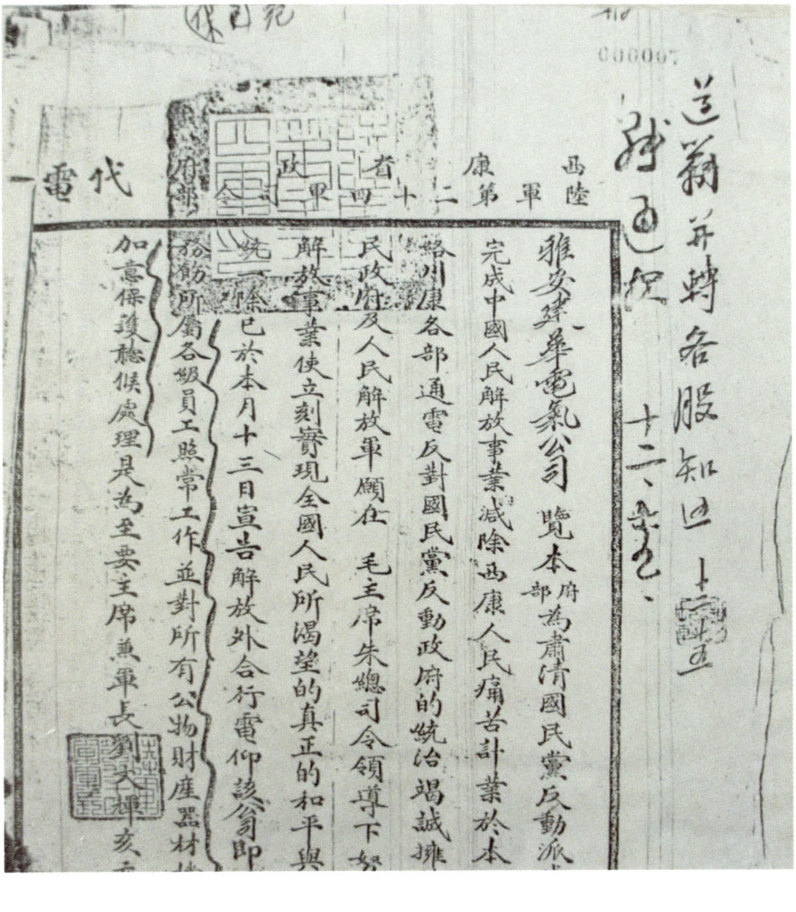

西康省政府
陸軍第二十四軍司令部
代電

雅安建華電氣公司覽：本府部為肅清國民黨反動派，完成中國人民解放事業，滅除西康人民痛苦計，業於本（月）……各部通電反對國民黨反動政府的統治，竭誠擁（護）……民政府及人民解放軍，願在毛主席朱總司令領導下努（力）……解放軍業使立刻實現全國人民所渴望的真正的和平與……已於本月十三日宣告解放，外合行電仰該公司即務飭所屬各級員工照常工作，並對所有公物財產器材……加意保護，聽候處理，是為至要。主席兼軍長劉文輝亥……

1949年12月9日，刘文辉通电起义，西康和平解放。起义之前，刘文辉专门安排发出秘密文件，要求辖区官员和民众积极响应，拥护起义，督饬所属财政厅、西康省银行、康裕公司暨西康雅安水力电厂等部门，保全机器设备、器材物资、财产账目。在1950年康定军管会成立后，西康雅安水力电厂最终完整地移交给新生的人民政府

▲1939 年 8 月动工修建、1941 年 2 月通车的乐西公路起自四川乐山，止于西康西昌。该路起始于乐山城北，与成嘉公路衔接，跨青衣江，穿越乐峨山地小平原而达峨眉；沿峨眉山麓南行，逾土地关至龙池；再循大渡河经新场、金口河，绕越蓑衣岭，至岩窝沟，入西康省，经皇木厂、马烈偏西南行抵富林，沿大渡河至农场、洗马姑、擦罗、拖乌山菩萨岗；继续南行经冕宁、泸沽等，止于西昌，其终点与云南西祥公路衔接，全程 525 千米

▲乐西公路汉源岩窝沟石工大队挖山施工

1941 年，乐西公路汉源岩窝沟段通车

1941 年，乐西公路汉源蓑衣岭段通车

▲ 1940 年，乐西公路工程修建的汉源流沙河木桥

▲ 大渡河铁索桥的修建极大地促进了石棉矿的开发

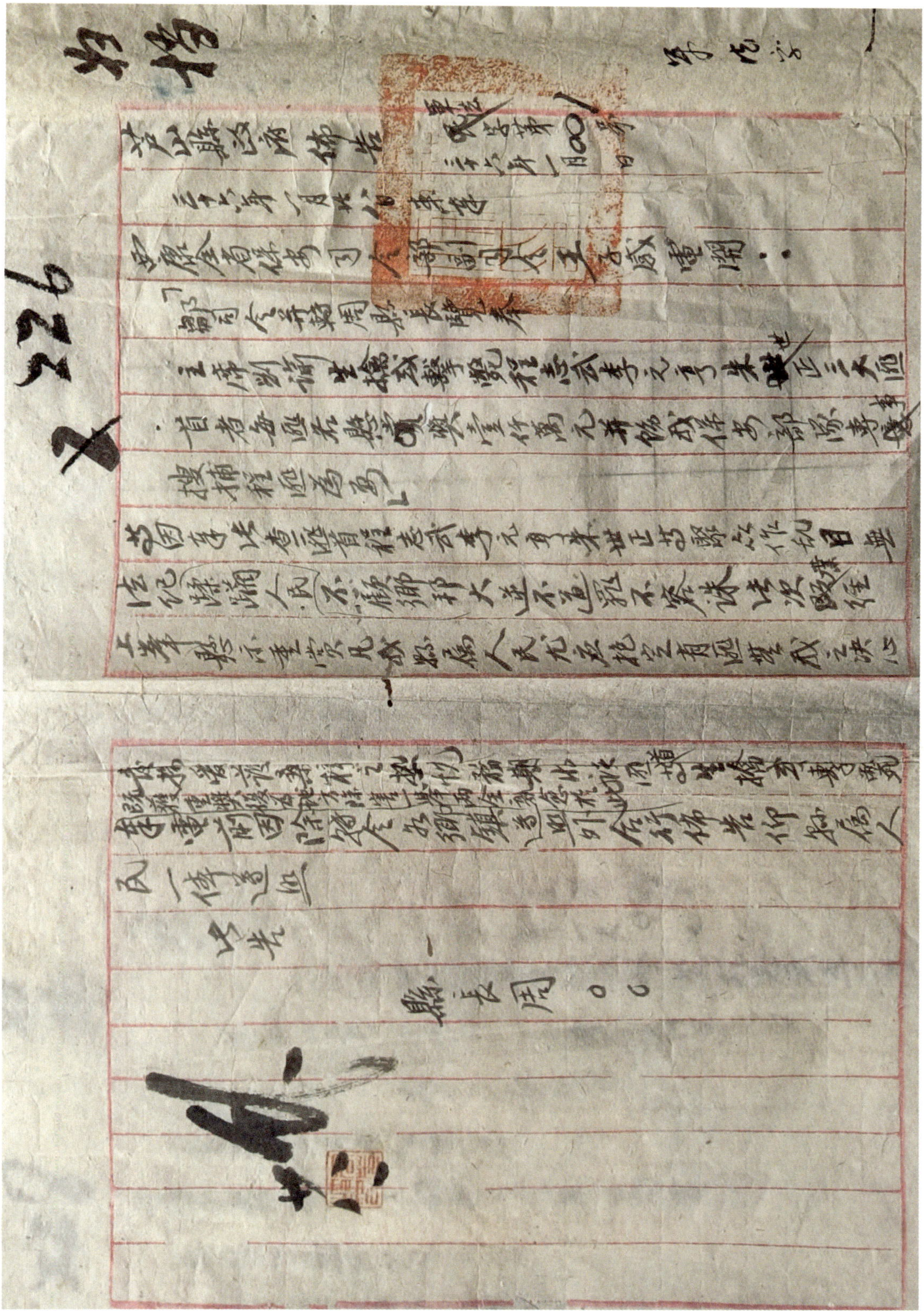

▲西康时期，烟毒流布，土匪横行，天全、芦山、荥经匪首程志武、李元亨、朱世正经常率领匪众大肆抢劫（图为1947年1月28日芦山县政府转发西康全省保安司令部捉拿程志武、李元亨、朱世正等的布告）

雅安解放

1949 年 12 月 9 日，国民党西康省政府主席、二十四军军长刘文辉与川军将领邓锡侯、潘文华在四川彭县通电起义。二十四军代军长刘元瑄、参谋长杨家桢奉刘文辉军长起义通电，立即在雅安宣告全军起义。

得知二十四军起义后，国民党胡宗南部队对二十四军进行了疯狂的进攻。

二十四军代军长刘元瑄、参谋长杨家桢迅速对兵力进行了部署并下达命令，任务是阻击胡宗南部队由新津经眉山、从乐西公路向西昌和由新津沿成雅公路经邛崃向雅安方向逃窜，并在途中密切配合解放军围歼消灭胡宗南部队。

同月 14 日，成立由中共雅安地方组织与民盟、民革党派参加的西康省临时军政委员会，刘文辉为主任委员，刘元瑄为副主任委员。西康省临时军政委员会设在雅安西大街。随后召开由机关、部队、学校、厂矿企业及市民两千余人参加的雅安各界庆祝解放大会。

1950 年 2 月 1 日，中共西康区委书记廖志高、军长刘忠在中共雅安地下组织负责人杨正南等陪同下，率中国人民解放军六十二军一八五师五五三、五五五团及军部直属队举行盛大入城式，受到雅安各界人民热烈欢迎。

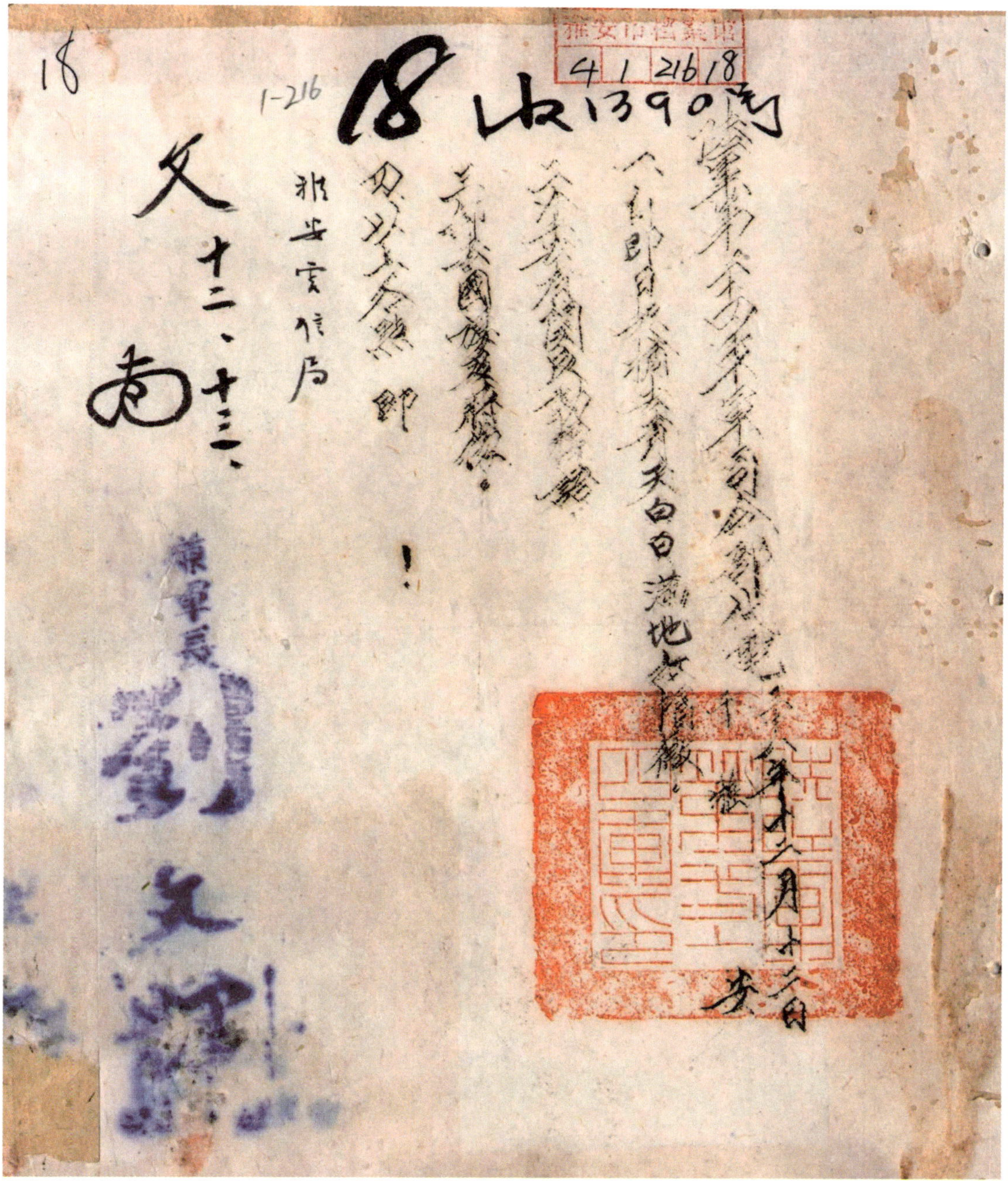

▲ 图为二十四军司令部代电："自即日起摘去青天白日满地红幡徽，涂去有关反动标语，卸去国旗及蒋像。"

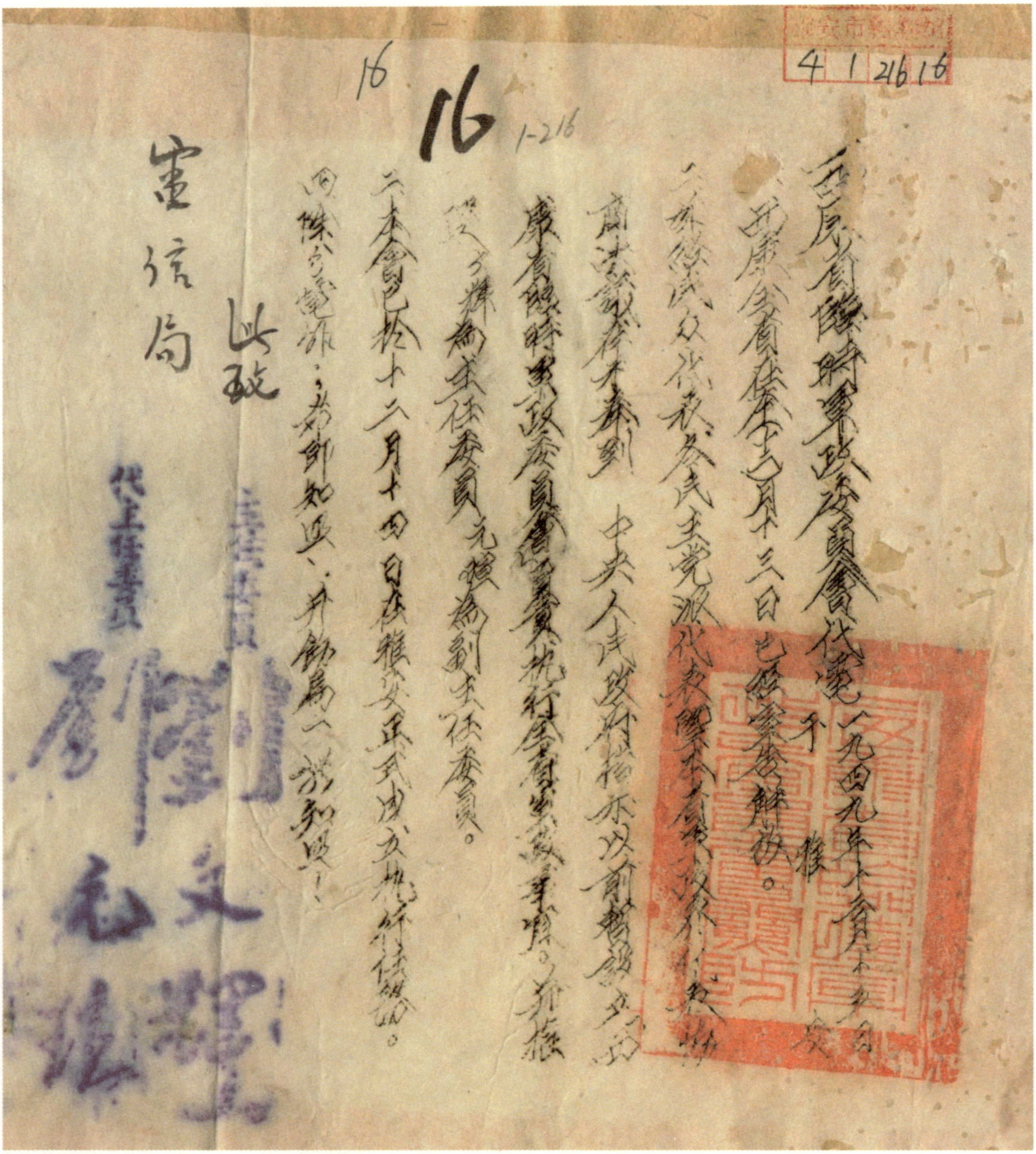
16
16 1-216
4 1 216 16

西康省臨時軍政委員會代電 一九四九年十二月十五日
一、西康全省於十二月十三日已經宣告解放。
二、經各民代表、各民主黨派代表……
商決議，在未奉到 中央人民政府指示以前暫設西
康省臨時軍政委員會，負責執行全省軍政事宜，并推
舉劉文輝為主任委員，劉元瑄為副主任委員。
三、本會已於十二月十四日在雅安正式成立，即執行任務。
四、除分電外，希即知照，并飭屬一體知照！
電信局 此致
代主任委員 劉文輝
副主任委員 劉元瑄

▲图为西康省临时军政委员会关于宣告西康解放代电(1949 年 12 月 15 日)。西康省于 1949 年 12 月 13 日宣告解放，在未接到中央人民政府指示前暂设西康省临时军政委员会执行全省军政事宜，并推荐刘文辉为主任委员、刘元瑄为副主任委员，西康省临时军政委员会于 1949 年 12 月 14 日在雅安正式成立

▲ 解放军进入雅安

▲ 文辉桥下游的青衣江渡口渡船正在帮助解放军过河

解放军入城部队走过雅安县政府门口

解放军挺进西康

解放军六十二军文艺工作团列队通过文辉桥进入雅安城区

解放军六十二军文艺工作团展示“向雅安人民致敬”条幅准备进入雅安城区

我軍進駐雅安

全市七萬人民熱烈歡迎

川北南江以東地區殲匪兩團

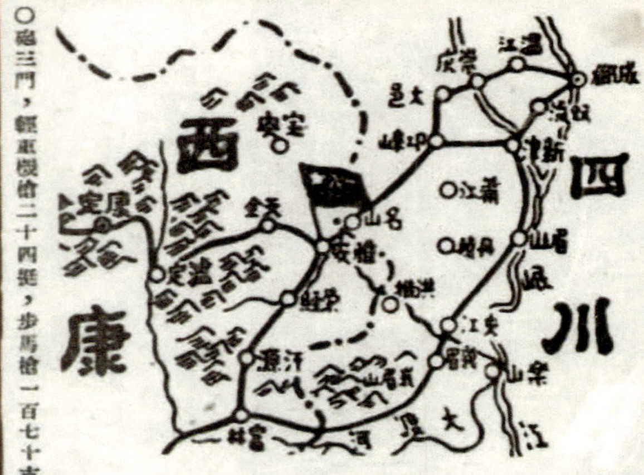

【新華社重慶七日電】進駐西康的人民解放軍某部，於二月一日上午十二時隆重舉行進入雅安的入城式。全市七萬人民熱烈歡迎解放軍，藏族同胞也在歡迎行列中用藏語熱情歡呼。

【中央人民電台廣播】成都八日消息：人民解放軍陝南軍區某團，在一月二十一日以一晝夜二百二十多里的急行軍進入四川省北部南江縣以東的地區，迅速包圍殘敵一百二十七軍三百一十師兩個團，經過一小時的戰鬥，全部殲滅敵師長丁錫恒以下官兵八百四十多人，繳獲六○砲三門，輕重機槍二十四挺，步馬槍一百七十支，我軍沒有一個傷亡。

▲解放军进驻雅安(1950年2月9日《大刚报》)

川康軍政長官聯名通電起義

（北京十五晚消息）前西康省主席劉文輝，及西南軍政長官公署副長官鄧錫侯等，於本月九日，聯名在雅安（川康邊境重鎮）發表通電，宣佈起義，脫離國民黨反動殘餘匪黨，接受中央人民政府領導，通電中，除了痛斥蔣匪幫破壞政協協議，發動反革命內戰做成國民經濟破盡的匪行以外，并且表示竭誠擁護中央人民政府歡迎解放大軍，進入川康，澈底剷除反動勢力，俾川康地方自治，與人民生命財產得以保障安全。

通電中又說：在人民解放軍尚未達到的地方，原有的文武職員軍隊，應當共同維護治安，各就原來職務緊守崗位，照常服務，各學校，各工廠，和公私器材與帳簿表冊，一律加以保護，聽候人民政府處理。

◀川康军政长官联名通电起义(1949年12月16日《星报》)

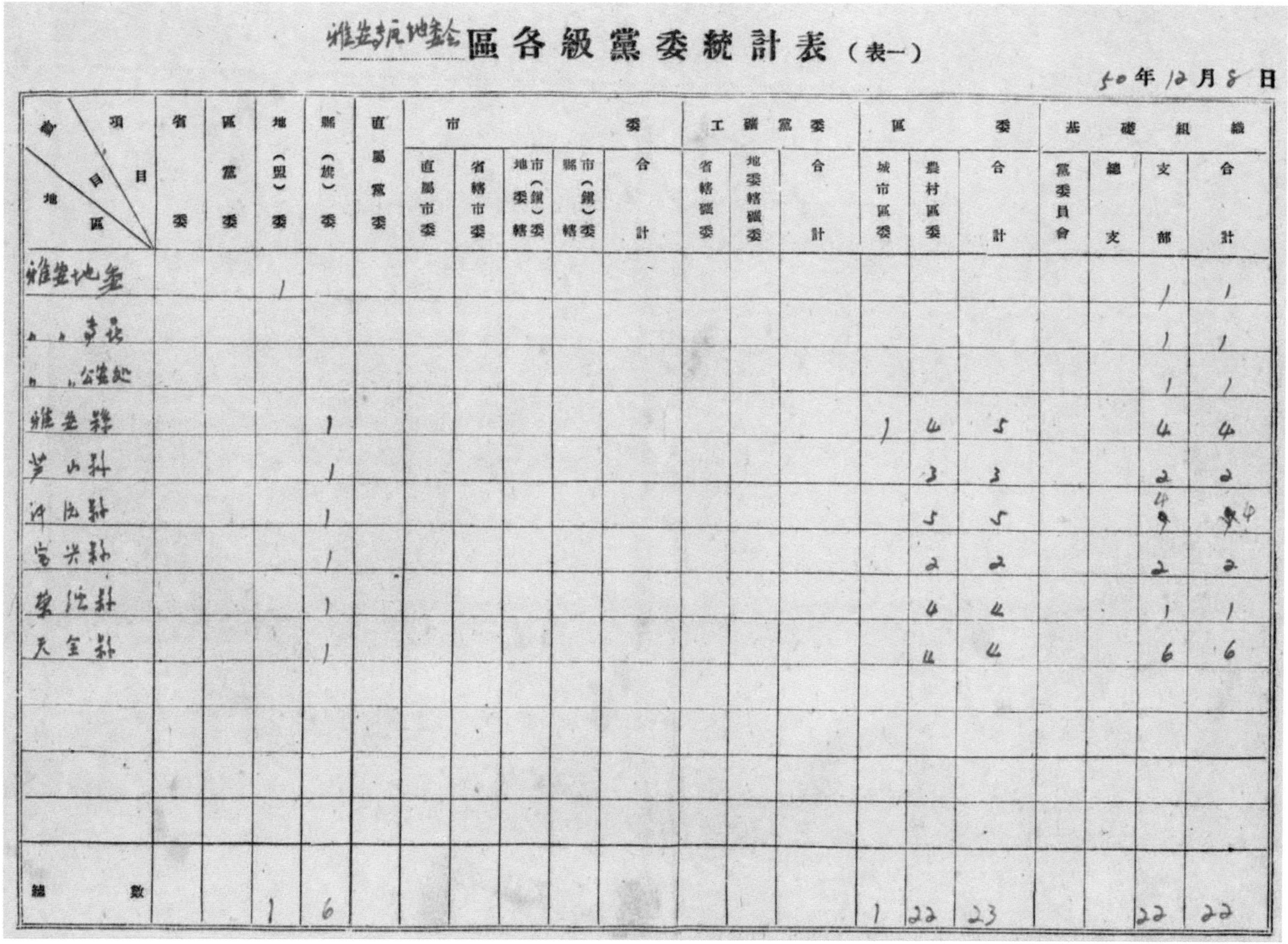

雅安专区地委会區各級黨委統計表（表一）

50年12月8日

地區＼項目	省委	區黨委	地（盟）委	縣（旗）委	直屬黨委	市委：直屬市委	市委：省轄市委	市委：地委轄市（鎮）委	市委：縣轄市（鎮）委	市委：合計	工礦黨委：省轄礦委	工礦黨委：地委轄礦委	工礦黨委：合計	區委：城市區委	區委：農村區委	區委：合計	基礎組織：黨委員會	基礎組織：總支	基礎組織：支部	基礎組織：合計
雅安地委			1																1	1
〃〃专署																			1	1
〃〃公安处																			1	1
雅安县				1										1	4	5			4	4
芦山县				1											3	3			2	2
汉源县				1											5	5			4	4
宝兴县				1											2	2			2	2
荥经县				1											4	4			1	1
天全县				1											4	4			6	6
總數			1	6										1	22	23			22	22

▲ 雅安专区地委会区各级党委统计表（1950年）

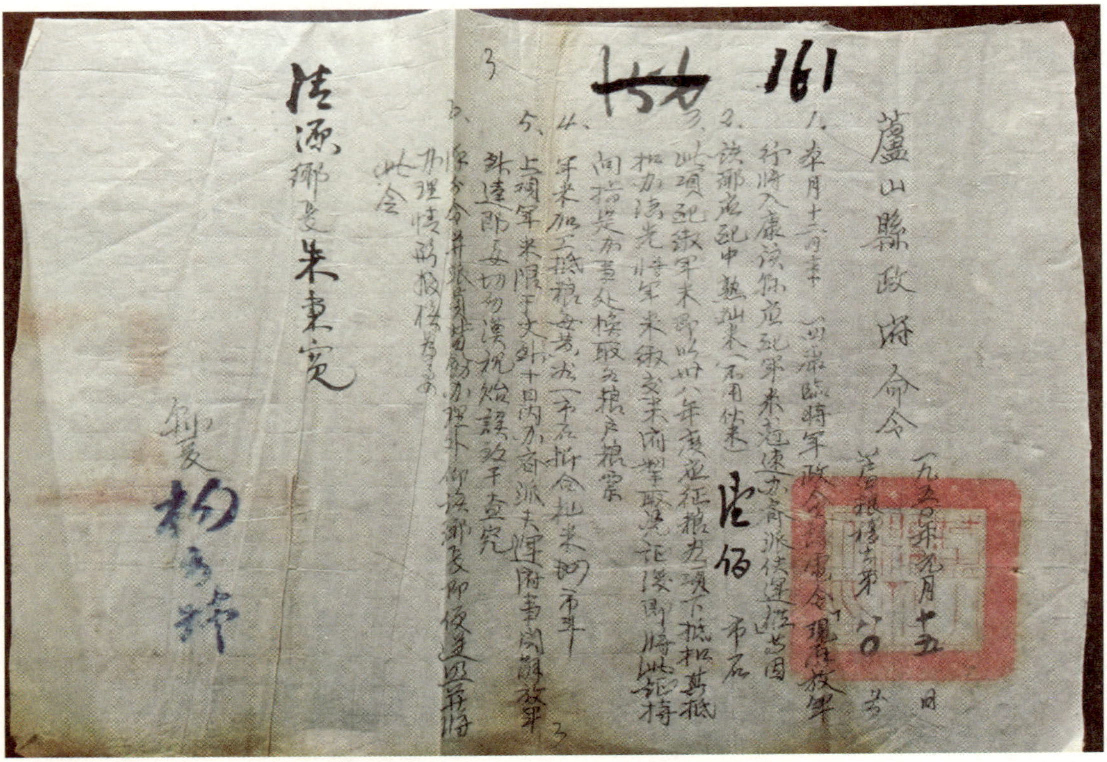

1950 年 1 月 15 日，芦山县政府发布命令，要求清源乡长朱秉宽克速办理军米，支持解放军入西康

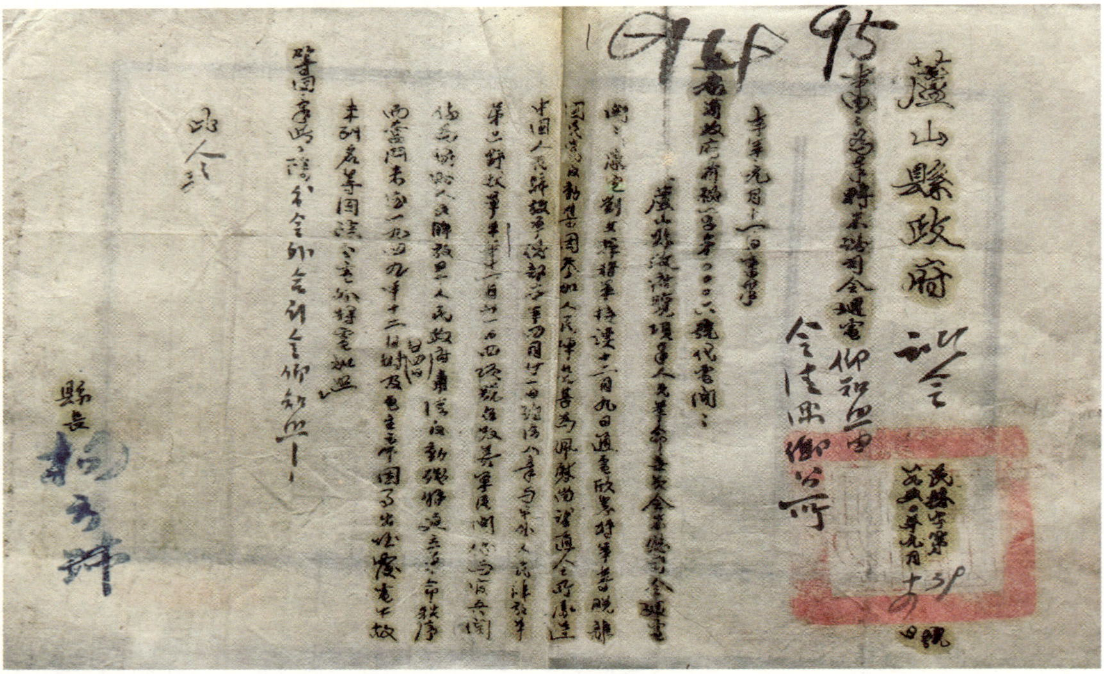

图为芦山县政府训令，通告刘文辉起义，要求官民配合肃清残余反动势力，维护社会稳定

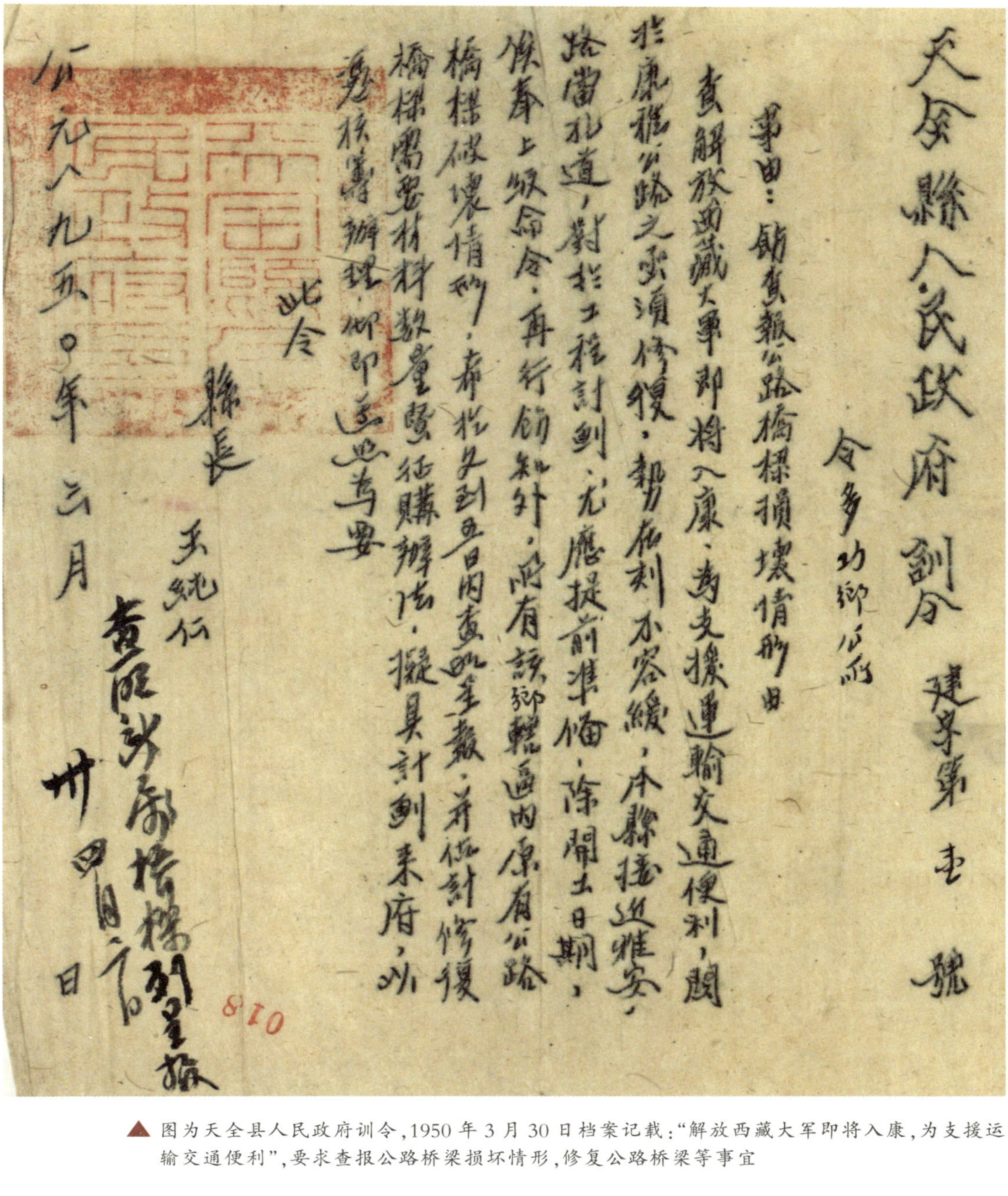
天全縣人民政府訓令 建字第壹號

令多功鄉公所

事由：飭查報公路橋樑損壞情形由

查解放西藏大軍即將入康，為支援運輸交通便利，關於康雅公路之必須修復，勢在刻不容緩，本縣接近雅安，路當孔道，對於工程計劃，尤應提前準備，除開工日期，俟奉上級命令，再行飭知外，所有該鄉轄區內原有公路橋樑破壞情形，希於文到五日內查明呈報，並估計修復橋樑需要材料數量暨征購辦法，擬具計劃來府，以憑核實辦理，仰即遵照為要

此令

縣長 岳純仁

公元一九五〇年三月卅日

▲ 图为天全县人民政府训令，1950 年 3 月 30 日档案记载：“解放西藏大军即将入康，为支援运输交通便利”，要求查报公路桥梁损坏情形，修复公路桥梁等事宜

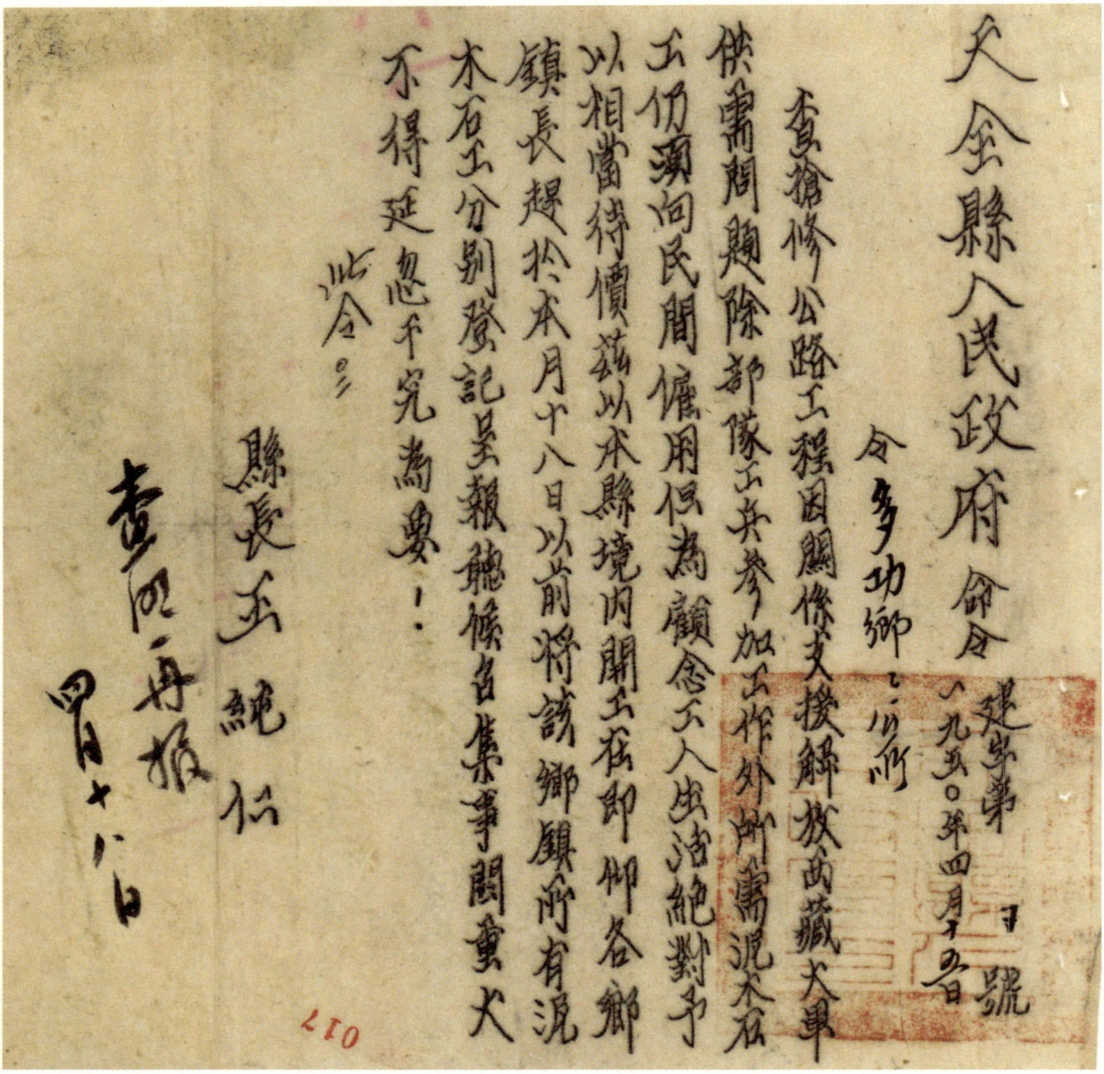
天全縣人民政府命令 建字第 號 一九五〇年四月十五日

令多功鄉公所

查搶修公路工程因關係支援解放西藏大軍供需問題除部隊工兵參加工作外所需泥木石工仍須向民間僱用但為顧念工人出活絕對予以相當待價茲以本縣境內開工在即仰各鄉鎮長趕於本月十八日以前將該鄉鎮所有泥木石工分別登記呈報聽候召集事關重大不得延忽干究為要！

此令

縣長 王純仁

查明再報 四月十八日

▲图为天全县人民政府命令，1950 年 4 月 15 日档案记载："查抢修公路工程，因关系支援解放西藏大军供需问题，除部队工兵参加工作外，所需泥木石工仍须向民间雇用"，要求将多功乡的所有泥工、木工、石工等在 1950 年 4 月 18 日以前登记呈报，支援修路，并且要求"事关重大，不得延忽"

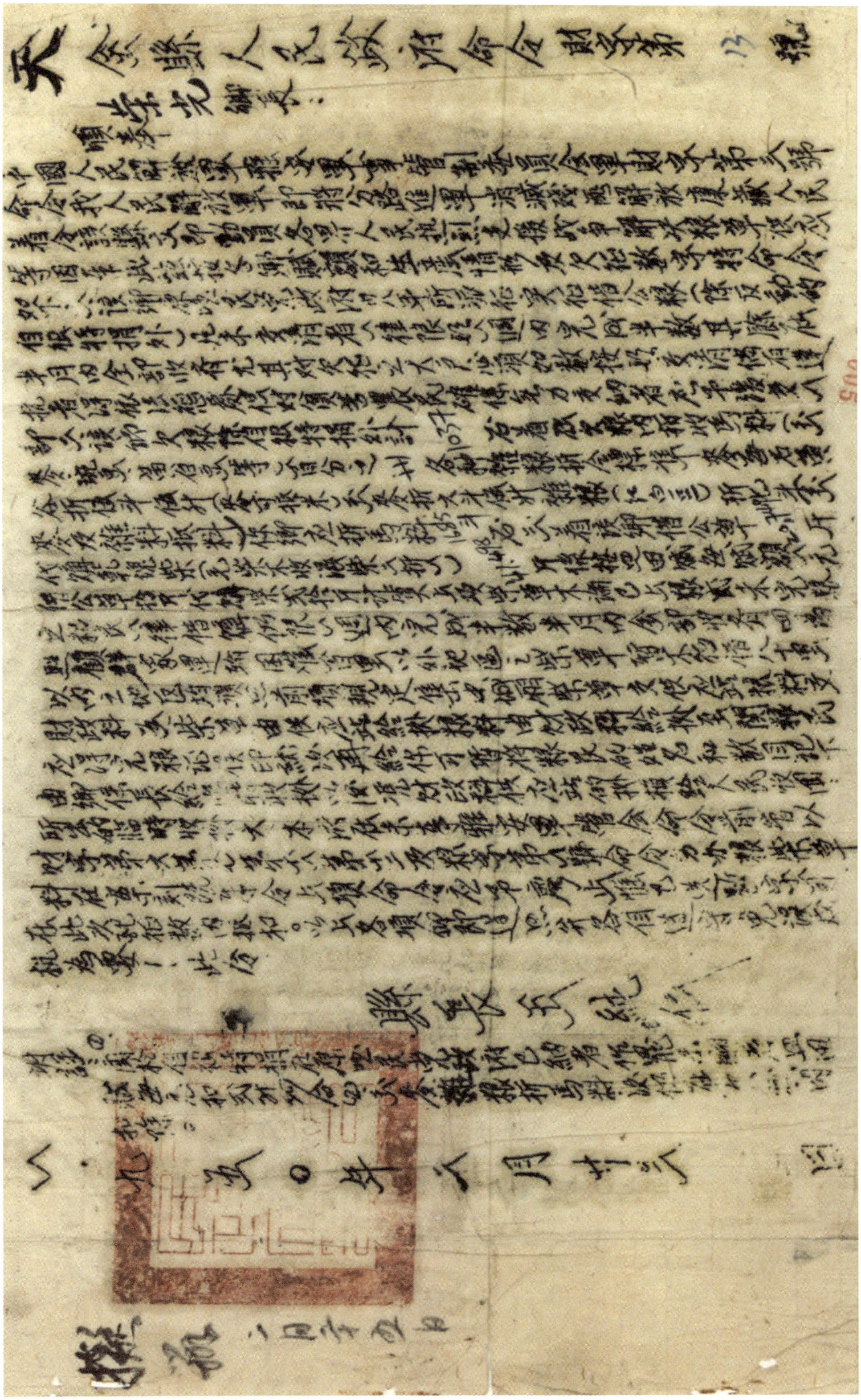

天全县人民政府命令

▲图为天全县人民政府命令，1950年2月23日档案记载：“我人民解放军即将分路进军，消灭残匪，解放康藏人民，着令该县立即动员各界人民热烈支援战争，解决粮草供应”等具体要求和安排

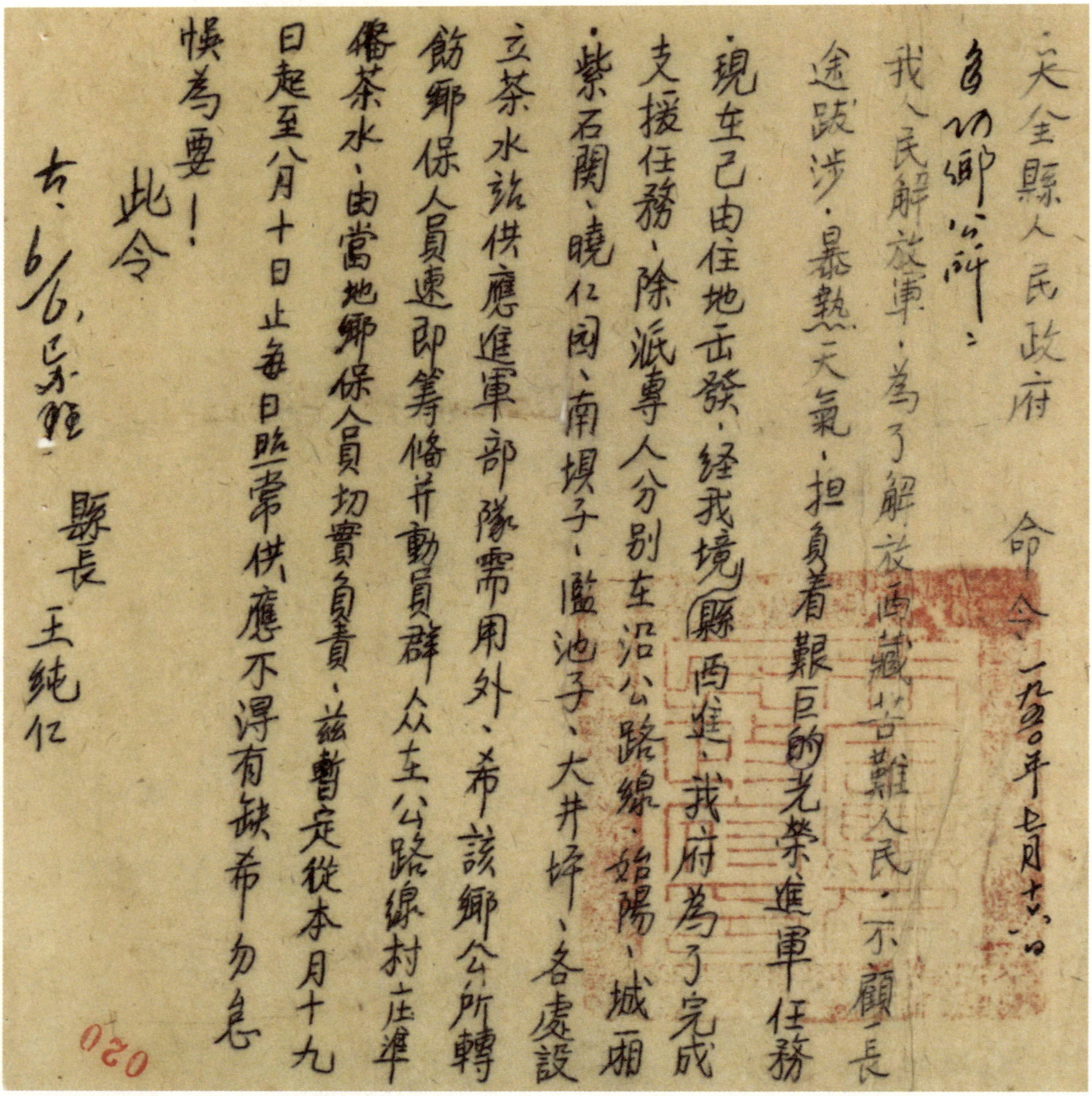

天全縣人民政府　命令　一九五〇年七月十六日

各鄉公所：

我人民解放軍，為了解放西藏苦難人民，不顧長途跋涉，暴熱天氣，担負着艱巨的光榮進軍任務，現在已由住地出發，经我境縣西進，我府為了完成支援任務，除派專人分别在沿公路線：始陽、城厢、紫石関、曉仁囤、南垻子、濫池子、大井坪、各處設立茶水站供應進軍部隊需用外，希該鄉公所轉飭鄉保人員速即籌备并動員群众在公路線村庄準备茶水，由當地鄉保人員切實負責，兹暫定從本月十九日起至八月十日止每日照常供應不得有缺希勿怠慢為要！

此令

縣長　王純仁

六、6/16

020

▲图为天全县人民政府命令，1950年7月16日档案记载：“我人民解放军为了解放西藏苦难人民，不顾长途跋涉，暴热天气，担负着艰巨的光荣进军任务，现在已由住地出发，经我县境西进，我府为了完成支援任务，除派专人分别在沿公路线始阳、城厢、紫石关……各处设立茶水站供应进军部队需用外”，要求“乡保人员速即筹备并动员群众在公路线村庄准备茶水……从本月十九日起至八月十日止每日照常供应不得有缺”

▲ 1950 年，天全县武装自卫队配合解放军修筑二郎山沙坪大桥

▲ 1950 年，在二郎山上冒雨修筑公路

西康省直辖市雅安市人民政府成立留影

人民新生

1950 年 2 月 1 日雅安正式解放，雅安人民迎来了新的时代！

为了巩固新生的人民政权，迅速建立革命秩序，1950 年 2 月，在雅安军事管制委员会统一部署下，公告取缔国民党特务组织，搜捕潜伏特务，取缔反动党团组织，办理登记国民党、三青团、青年党、民社党等成员，实行集中管训，在上级公安机关指导和帮助下，配合驻军开展侦捕工作，破获张贴反动标语和武装暴动案，对阴谋武装暴乱首要分子依法判处徒刑或交群众监督管制。

解放军部队针对土匪崩溃、分散活动的特点，实行深入农村驻剿，公安机关配合，贯彻“军事清剿、政治瓦解、发动群众”相结合的方针，调查匪情，捕捉土匪，一批匪首很快被捕获或击毙，大批胁从投案自首，交出武器。

1951 年初，全面开展“清匪反霸、减租退押”运动。在剿匪、清匪中，农村普遍建立健全农民协会，建立农民自卫防匪组织——农民武装自卫队，发动贫苦农民揭发、控诉恶霸地主的罪行。至 1951 年 4 月，逮捕罪大恶极反革命分子 400 余名，处决毕光奎、王炳南、杨丘山、潘荣贤、李正去等 193 名首恶分子，反霸斗争取得重大胜利。过去雅安人民遭遇军阀盘剥和地主、恶霸压榨欺凌的穷苦日子一去不复返了，解放后当家做主的雅安人民真正迎来了新生！

雅安解放后，成为西康省省会。从经济恢复、土地改革、公私合营，到社会主义建设加快推进，雅安经济社会实现了前所未有的发展。人民当家做主，载歌载舞讴歌新生的人民政权，迸发出了前所未有的建设祖国和家乡的极大热情，雅安经济、教育、卫生、交通等各项事业日新月异。

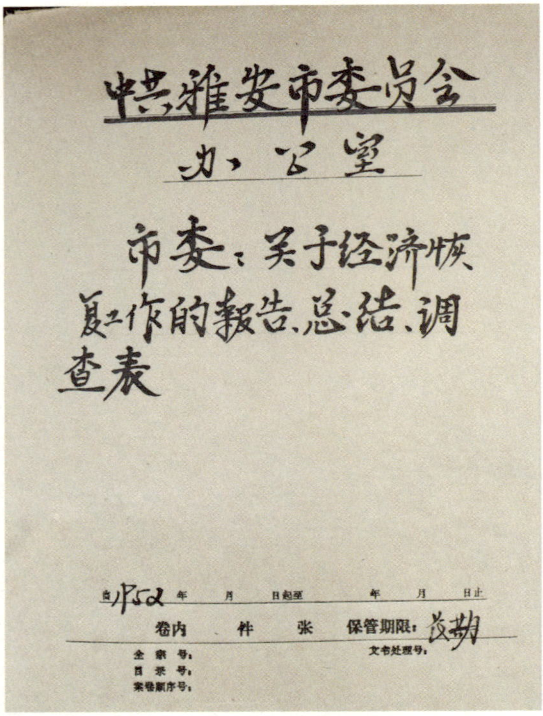
中共雅安市委员会
办公室
市委：关于经济恢复工作的报告、总结、调查表
自1952年 月 日起至 年 月 日止
卷内 件 张 保管期限：长期
全宗号：
目录号：
案卷顺序号：
文书处理号：

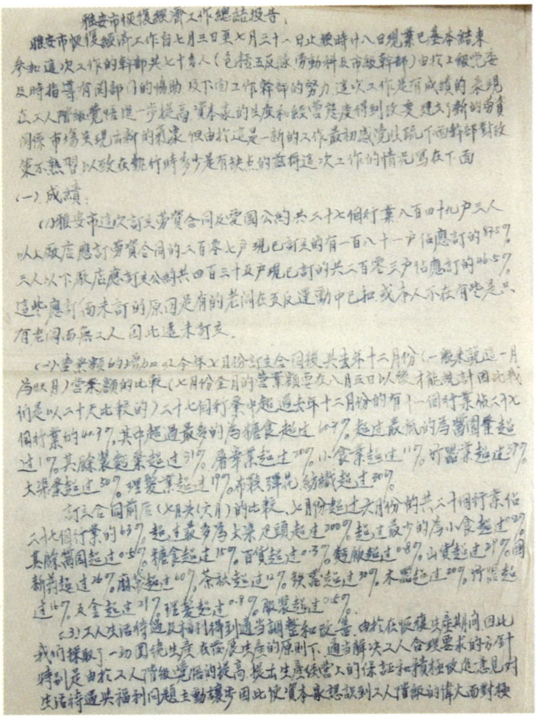
雅安市恢复经济工作总结报告

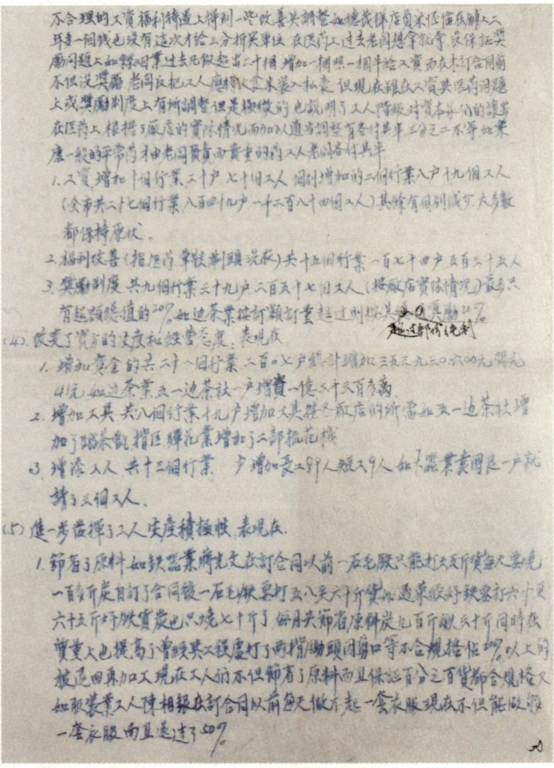

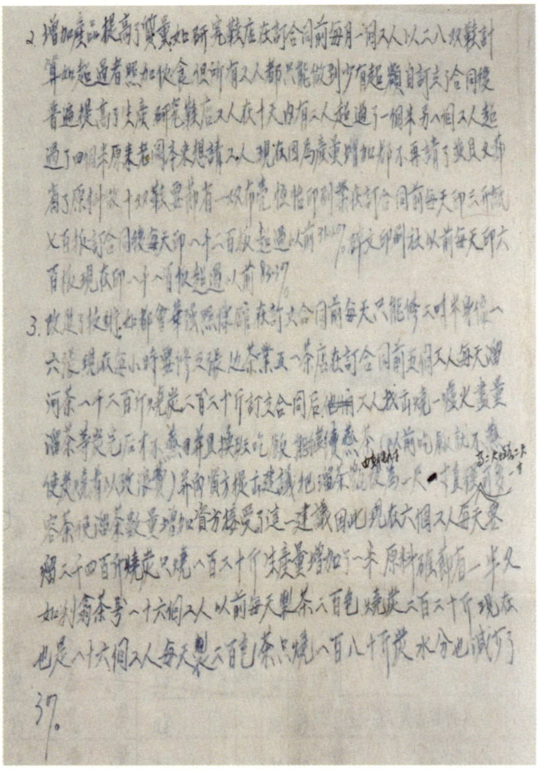

▲ 雅安解放初期，经济逐步恢复，工人生活待遇及福利得到适当调整和改善，工人生产积极性提高，营业额增加(图为雅安市恢复经济工作总结报告)

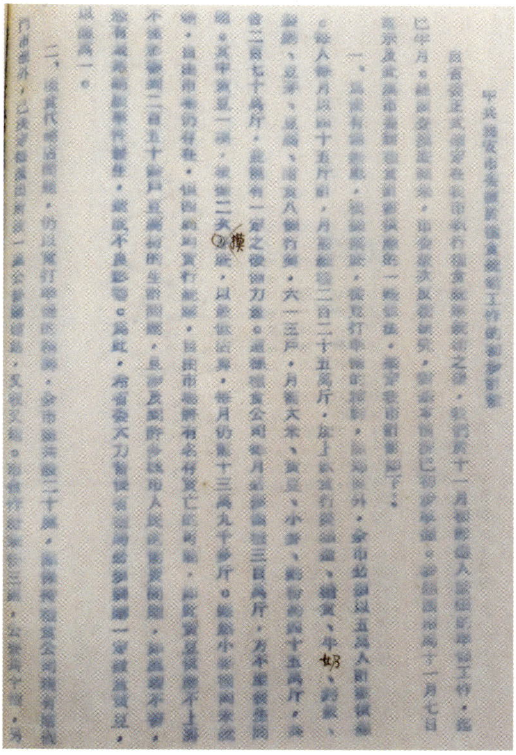
①

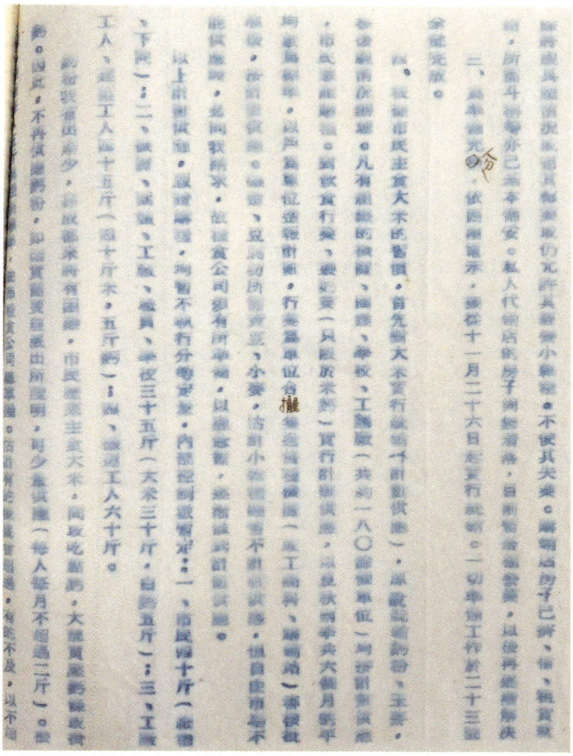
②

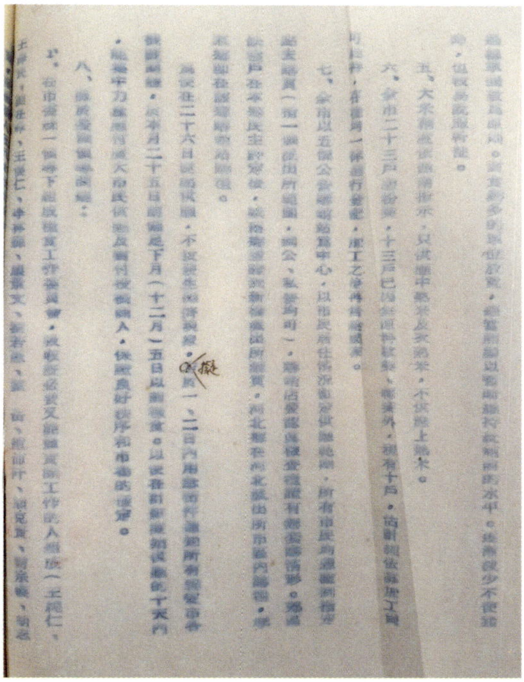
③

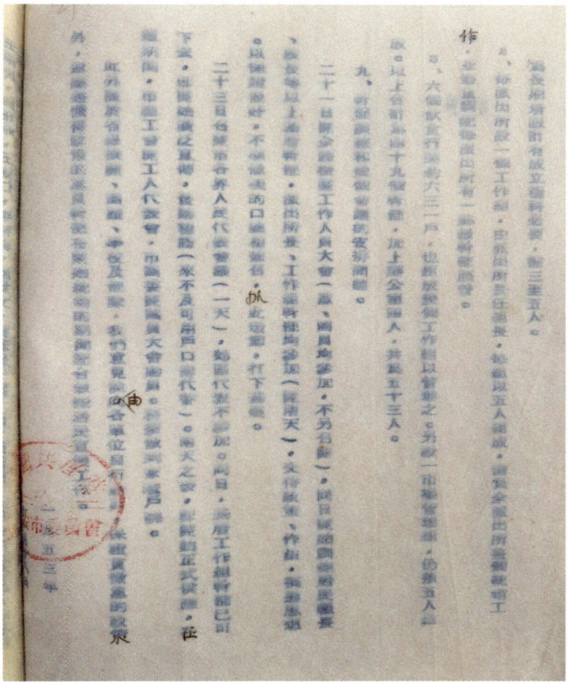
④

▲ 雅安解放初期，粮食统购统销，进入“计划经济”模式

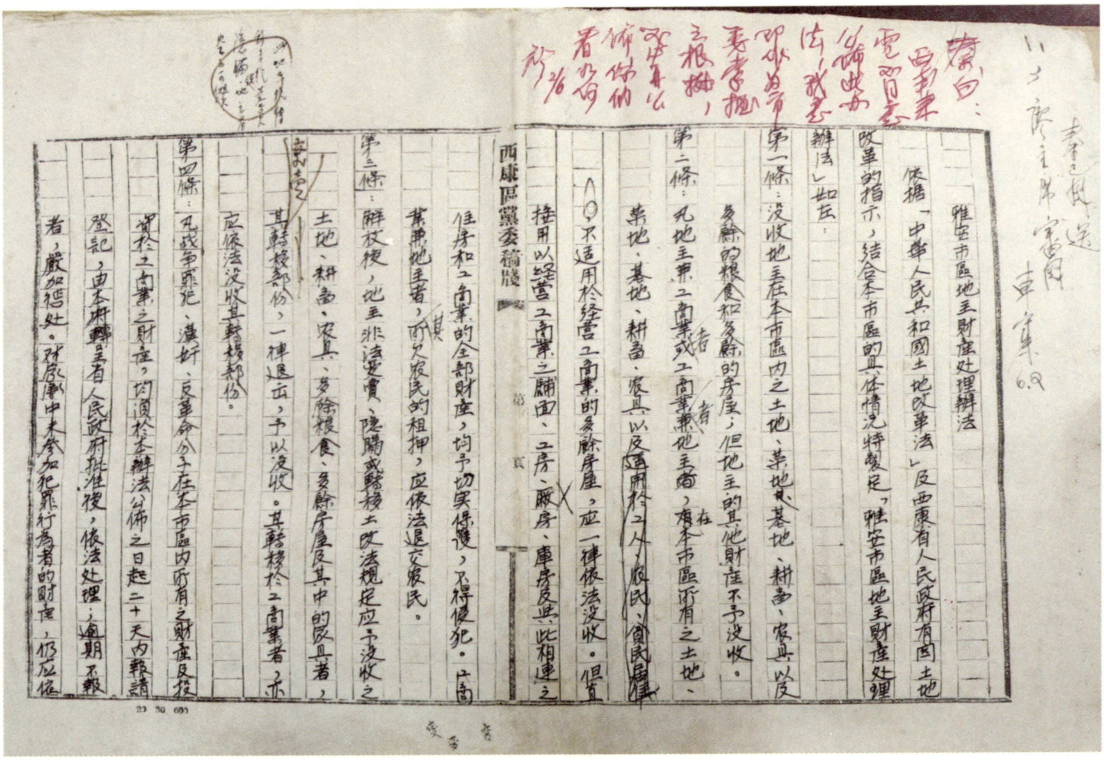

雅安市區地主財產處理辦法

依據「中華人民共和國土地改革法」及西康省人民政府有關土地改革的指示，結合本市區的具体情況特製定「雅安市區地主財產處理辦法」如左：

第一條：沒收地主在本市區內之土地、菜地、基地、耕畜、農具以及多餘的糧食和多餘的房屋，但地主的其他財產不予沒收。

第二條：凡地主兼工商業或工商業兼地主者，在本市區所有之土地、菜地、基地、耕畜、農具以及適用於工人、農民、貧民居住不適用於經營工商業的多餘房屋，應一律依法沒收。但直接用以經營工商業之鋪面、工房、廠房、庫房及與此相連之住房和工商業的全部財產，均予切實保護，不得侵犯。工商業兼地主者，所欠農民的租押，應依法退交農民。

西康區黨委稿牋　第　頁

第三條：解放後，地主非法變賣、隱瞞或轉移土改法規定應予沒收之土地、耕畜、農具、多餘糧食、多餘房屋及其中的家具者，其轉移部份，一律追回，予以沒收。其轉移於工商業者亦應依法沒收其轉移部份。

第四條：凡戰爭罪犯、漢奸、反革命分子在本市區內所有之財產及投資於工商業之財產，均須於本辦法公佈之日起二十天內報請登記，由本府轉呈省人民政府批准後，依法處理；逾期不報者，嚴加懲處。對於家庭中未參加犯罪行為者的財產，仍應依

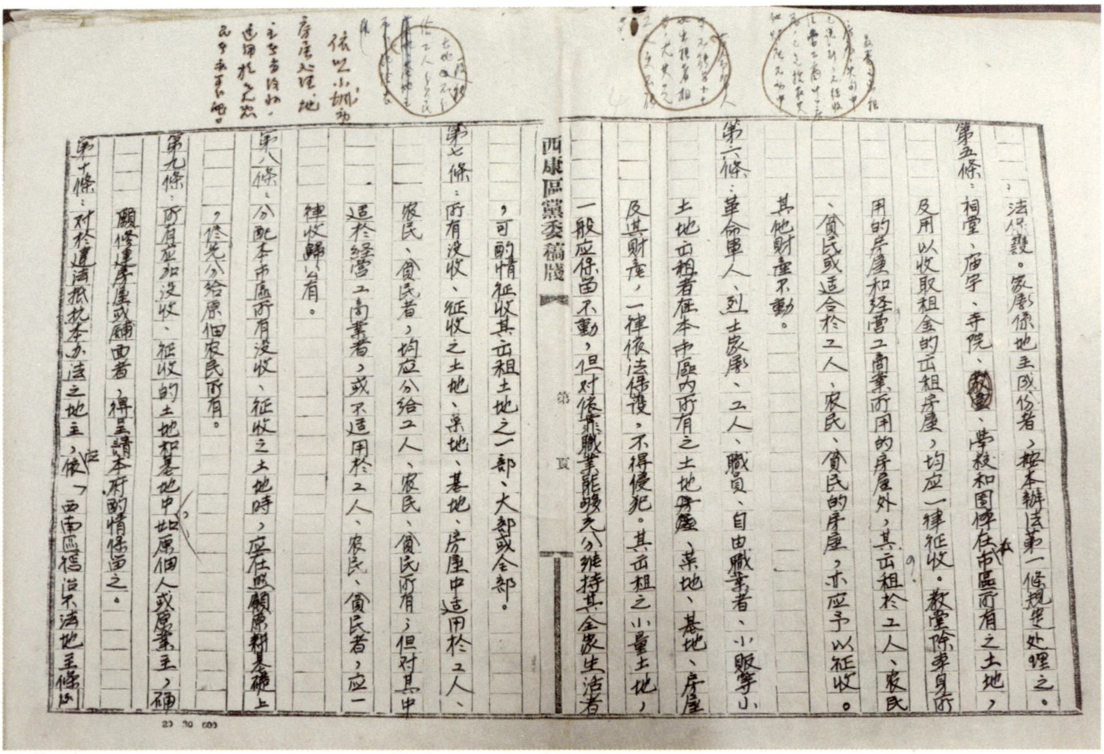

法保護。家廟係地主成份者，按本辦法第一條規定處理之。

第五條：祠堂、廟宇、寺院、教堂、學校和團體在市區所有之土地，及用以收取租金的出租房屋，均應一律征收。教堂除本身所用的房屋和經營工商業所用的房屋外，其出租於工人、農民、貧民或適合於工人、農民、貧民的房屋，亦應予以征收。其他財產不動。

第六條：革命軍人、烈士家屬、工人、職員、自由職業者、小販等小土地出租者在本市區內所有之土地房屋、菜地、基地、房屋及其財產，一律依法保護，不得侵犯。其出租之小量土地，一般應保留不動，但對依靠職業能夠大部分維持其全家生活者，可酌情征收其出租土地之一部、大部或全部。

西康區黨委稿牋　第　頁

第七條：所有沒收、征收之土地、菜地、基地、房屋中適用於工人、農民、貧民者，均應分給工人、農民、貧民所有；但對其中適於經營工商業者，或不適用於工人、農民、貧民者，應一律收歸公有。

第八條：分配本市區所有沒收、征收之土地時，應在照顧原耕者基礎上，依先分給原佃農民所有。

第九條：所有應加沒收、征收的土地和基地中如原佃人或原業主，確屬建修房屋或鋪面者，得呈請本府酌情保留之。

第十條：對於違法抵抗本辦法之地主，依「西南區懲治不法地主條例」

▲ 实行土地改革，雅安市区地主财产处理办法

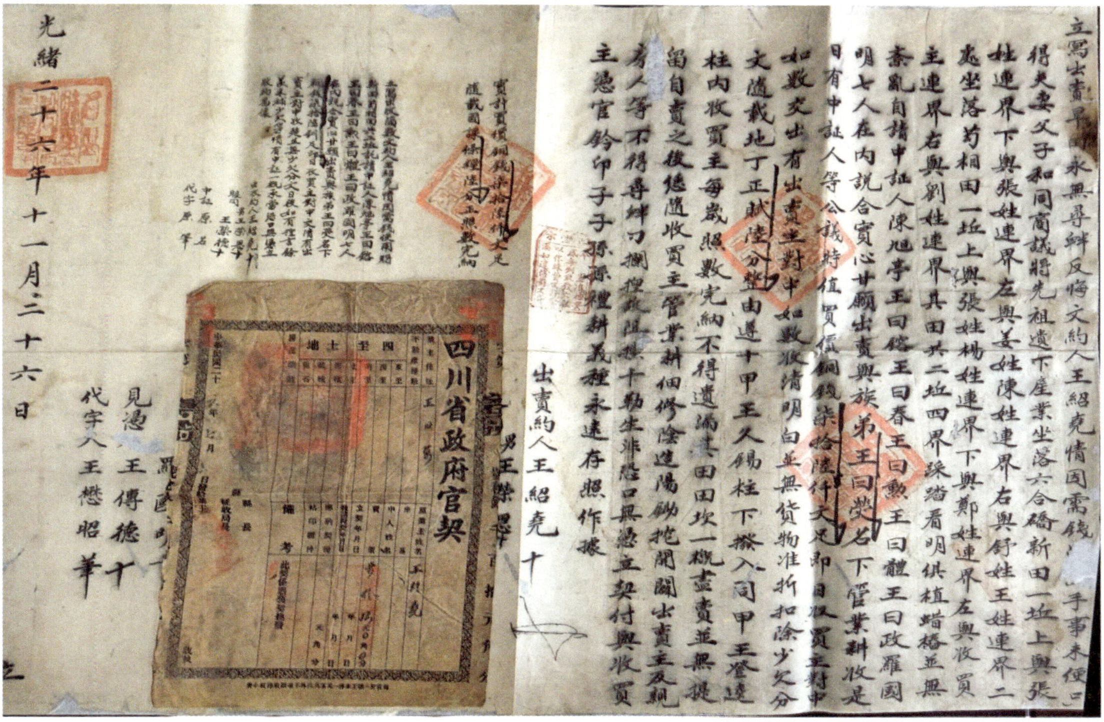

土地制度从清代私有制度，到民国土地登记，中华人民共和国成立后实行土地公有改革（图为名山土地凭证，见证着土地制度的变迁）

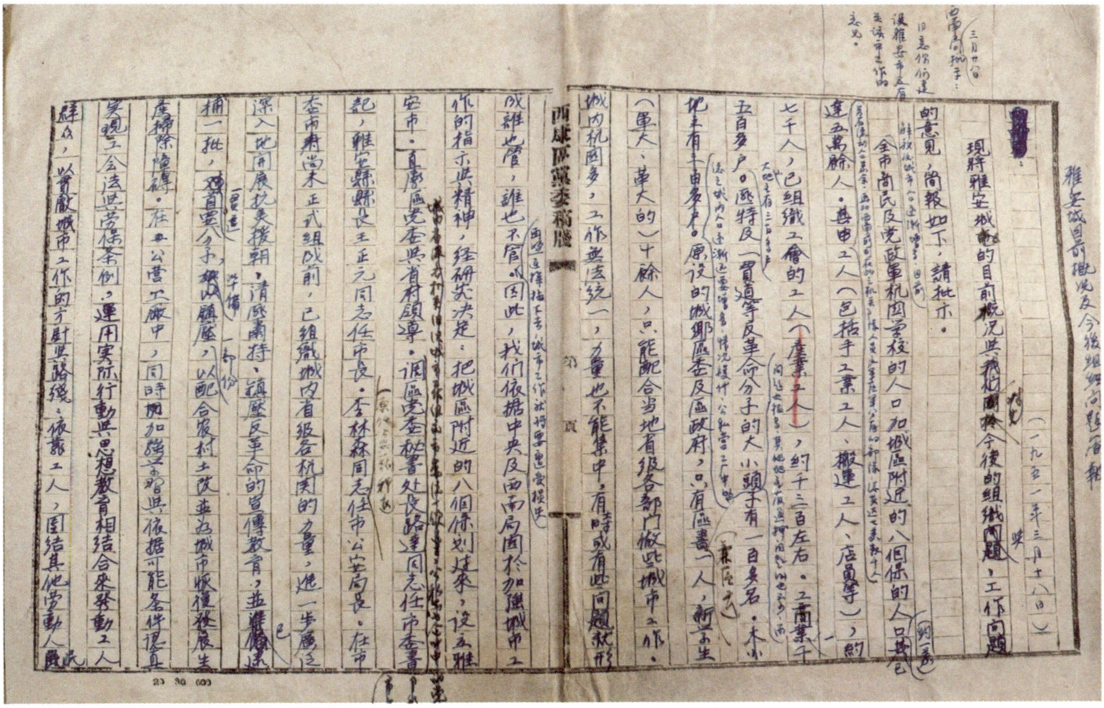

1951 年，雅安城目前概况及今后组织问题简报

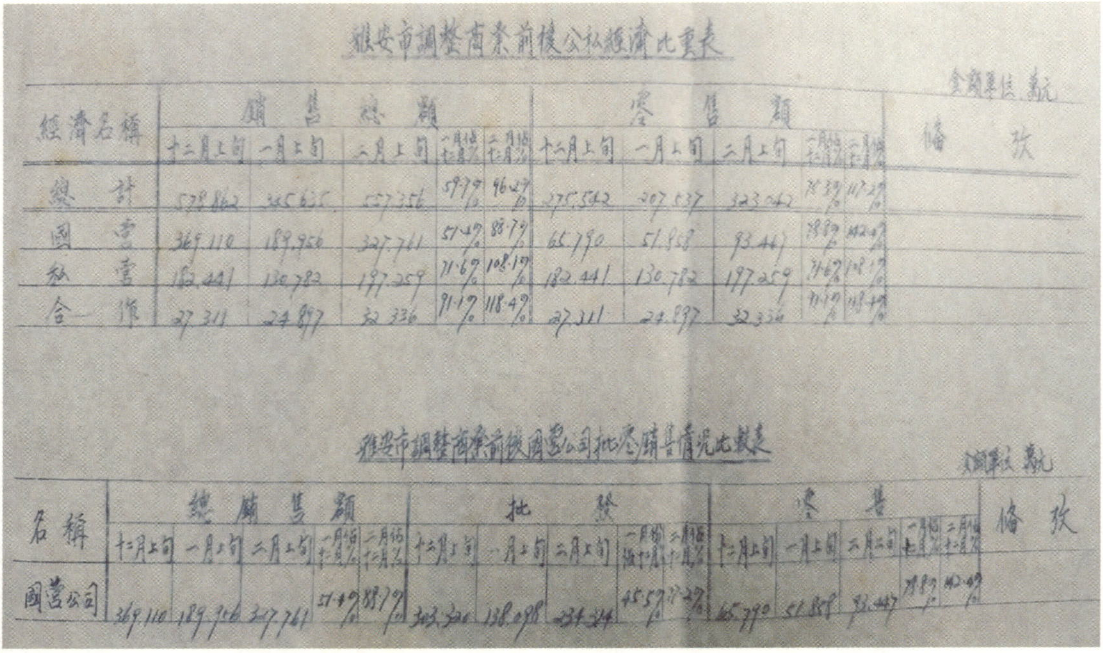

雅安市調整商業前後公私經濟比重表

金額單位 萬元

經濟名稱	銷售總額					零售額					備攷
	十二月上旬	一月上旬	二月上旬	一月佔十二月%	二月佔十二月%	十二月上旬	一月上旬	二月上旬	一月佔十二月%	二月佔十二月%	
總計	578.862	325.635	557.356	59.7%	96.2%	275.542	207.537	323.042	75.3%	117.2%	
國營	369.110	189.956	327.761	51.4%	88.7%	65.790	51.858	93.447	78.8%	142.0%	
私營	182.441	130.782	197.259	71.6%	108.1%	182.441	130.782	197.259	71.6%	108.1%	
合作	27.311	24.897	32.336	91.1%	118.4%	27.311	24.897	32.336	91.1%	118.4%	

雅安市調整商業前後國營公司批零銷售情況比較表

金額單位 萬元

名稱	總銷售額					批發					零售					備攷
	十二月上旬	一月上旬	二月上旬	一月佔十二月%	二月佔十二月%	十二月上旬	一月上旬	二月上旬	一月佔十二月%	二月佔十二月%	十二月上旬	一月上旬	二月上旬	一月佔十二月%	二月佔十二月%	
國營公司	369.110	189.956	327.761	51.4%	88.7%	303.320	138.098	234.314	45.5%	77.2%	65.790	51.858	93.447	78.8%	142.0%	

▲ 1953 年，公私合营调整商业情形

▲ 1956 年，公私合营留影

雅安川剧团，前身“西康省文工团第二队”，建于1952年，1956年独立建团。演员黄佩莲、邓先树、杨少安、王国仁、彭海清、曾志林、李香砚、邓学莲等主演优秀传统剧目，享誉蜀中（图为西康省文工团第二队部分演员合影）

雅安川剧团一批后起之秀参加全省戏曲剧团青少年观摩演出，得到专家赞誉，有3名青年演员被选入“四川省出国演出团”，到东欧各国演出（图为优秀剧目《射雕》演出剧照）

▲ 雅安川剧团演员邓学莲(二排左一)与梅兰芳(右三)等合影

▲ 雅安川剧团彭海清演出的《打红台》《活捉石怀玉》等剧目，受到著名文艺评论家王朝闻、作家丁玲的推崇，撰文向全国介绍川剧艺术和演员的表演特色

1977 年，雅安川剧团演出的现代川剧《霓虹灯下的哨兵》剧照

1951 年建成的川藏公路飞仙关桥梁

▲ 1954 年，川藏公路正式建成通车

▲ 防疫人员合影

▲ 雅安县首届农民代表会全体代表合影

▲ 雅安城厢区妇女反对美国侵略游行

▲ 雅安县第五届农业优抚模范代表大会留影

▲ 四川农学院成立大会留影

▲ 接收西康省房屋资产后建立起来的四川农学院

石材王国

雅安市的石棉、荥经、芦山、宝兴等县区均盛产石材，储量巨大，先后被命名为“四川红”“中国红”，仅仅石棉红色花岗石资源就达20亿立方米以上，宝兴汉白玉储量30亿立方米，是世界上少有的优质建筑材料。其中，国内大型建筑物选用石棉花岗石的就有毛主席纪念堂、原四川展览馆、成都火车站、南昌起义纪念碑等。

1977年5月24日，毛主席纪念堂落成。占地5.7万多平方米、总建筑面积2.8万平方米的毛主席纪念堂主体呈正方形，石料采用福建黄色花岗石、山东青岛花岗石贴面，在建筑中选用了四川雅安大渡河畔的红色花岗石。

毛主席纪念堂石棉采石指挥部于1976年12月29日成立，由杜天胜（雅安地委副书记、地革委副主任）、李作庆（雅安地区公安局副局长）、狄瑞山（雅安军分区副司令员）、刘凡林（石棉县委常委、县革委副主任）、刘才廷（雅安地革委计划组副组长）、贾守奎（汉源县委副书记）、罗登奇（石棉县革委工交组组长）、李增庆（雅安军分区政治部副主任）、王洪（雅安地区商业局革命领导小组副组长）、刘连生（雅安军分区后勤部副部长）、张邦基（雅安地革委办事组秘书组组长）等十一位同志组成临时党委。杜天胜同志任书记，李作庆、狄瑞山、刘凡林、刘才廷同志任副书记。

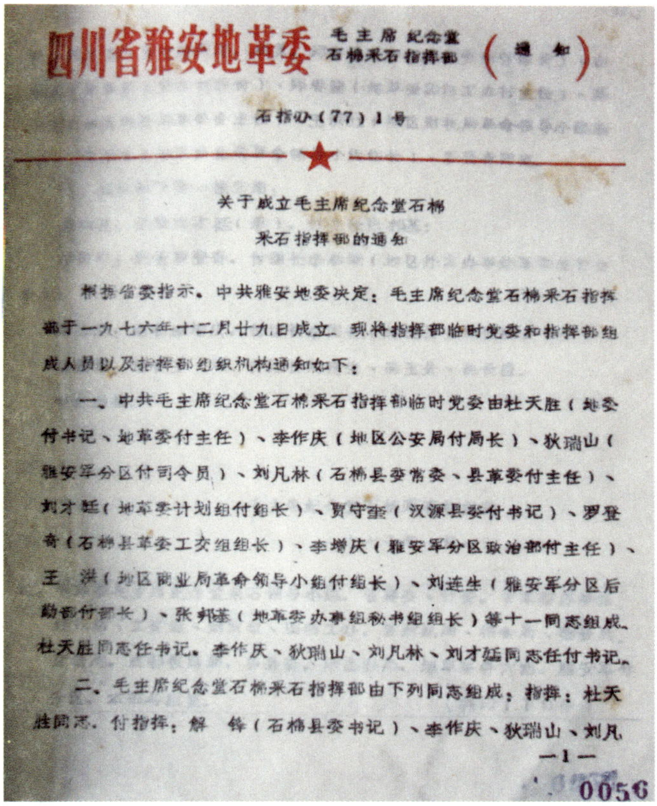

四川省雅安地革委 毛主席纪念堂石棉采石指挥部 （通知）

石指办（77）1号

关于成立毛主席纪念堂石棉采石指挥部的通知

根据省委指示，中共雅安地委决定：毛主席纪念堂石棉采石指挥部于一九七六年十二月廿九日成立。现将指挥部临时党委和指挥部组成人员以及指挥部组织机构通知如下：

一、中共毛主席纪念堂石棉采石指挥部临时党委由杜天胜（地委付书记、地革委付主任）、李作庆（地区公安局付局长）、狄瑞山（雅安军分区付司令员）、刘凡林（石棉县委常委、县革委付主任）、刘才廷（地革委计划组付组长）、贾守銮（汉源县委付书记）、罗登奇（石棉县革委工交组组长）、李增庆（雅安军分区政治部付主任）、王 洪（地区商业局革命领导小组付组长）、刘连生（雅安军分区后勤部付部长）、张邦基（地革委办事组秘书组组长）等十一同志组成。杜天胜同志任书记。李作庆、狄瑞山、刘凡林、刘才廷同志任付书记。

二、毛主席纪念堂石棉采石指挥部由下列同志组成：指挥：杜天胜同志。付指挥：解 锋（石棉县委书记）、李作庆、狄瑞山、刘凡

—1—

0056

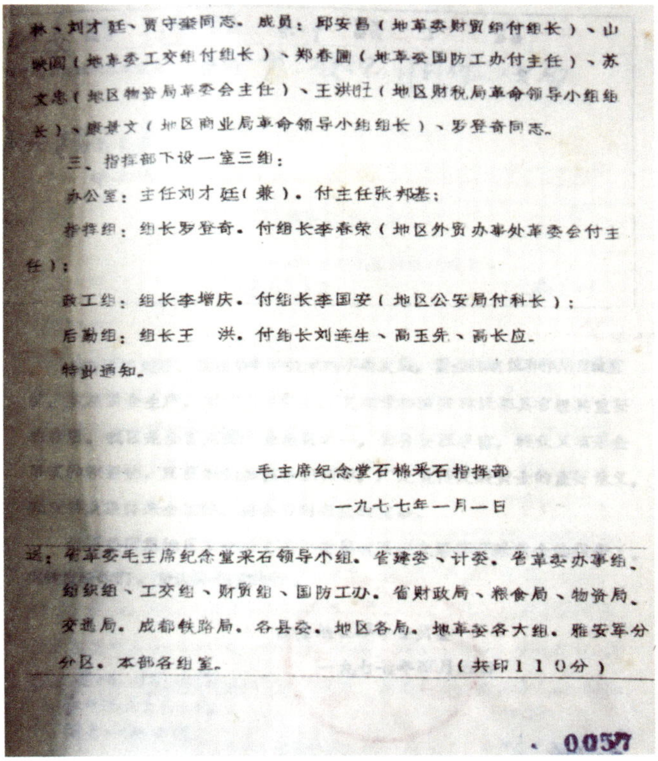

林、刘才廷、贾守銮同志。成员：邱安昌（地革委财贸组付组长）、山耿阁（地革委工交组付组长）、郑春圃（地革委国防工办付主任）、苏文忠（地区物资局革委会主任）、王洪旺（地区财税局革命领导小组组长）、唐景文（地区商业局革命领导小组组长）、罗登奇同志。

三、指挥部下设一室三组：

办公室：主任刘才廷（兼）。付主任张邦基；

指挥组：组长罗登奇。付组长李春荣（地区外贸办事处革委会付主任）；

政工组：组长李增庆。付组长李国安（地区公安局付科长）；

后勤组：组长王 洪。付组长刘连生、高玉东、高长应。

特此通知。

毛主席纪念堂石棉采石指挥部

一九七七年一月一日

送：省革委毛主席纪念堂采石领导小组。省建委、计委。省革委办事组、组织组、工交组、财贸组、国防工办。省财政局、粮食局、物资局、交通局。成都铁路局。各县委。地区各局。地革委各大组。雅安军分区。本部各组室。 （共印110分）

0057

毛主席纪念堂石棉采石指挥部成立通知

关于为毛主席纪念堂开采红色花岗石

所需经费预算的报告

省革委：

毛主席纪念堂所需红色花岗石的开采工作，正在全面展开，现将采石经费预算和有关需要说明的问题报告如下：

一、经初步計算，约需采石经费１７４．１６万元（详见附表）。

二、已调給现場指挥部的所有机具设备材料等物资，待任务完成后进行清理，对已用机具设备作价拨处理；对未用的新设备应退回物资部门，其残値和价款应冲减采石经费预算。

三、现場指挥部所有物资、资金应做到专款专用，专物专用，任何单位和部门都不准挪用。

以上意见如无不妥，请即批轉各有关单位执行。

四川省革委为毛主席纪念堂开采

花岗石领导小组（省建委代章）

一九七七年一月三十一日

·2·

0094

▲ 毛主席纪念堂开采红色花岗石所需经费预算报告

总　　表

项　目	预算金额	说　　明
合　計	1741,617	
工　资	132,626	
工程材料	837,751	
机具设备及安装	105,178	
油　料	368,289	
其他费用	112,300	
管理费用	56,380	
运输费	121,900	
机器台班费	607,194	

▲ 毛主席纪念堂开采红色花岗石所需经费预算

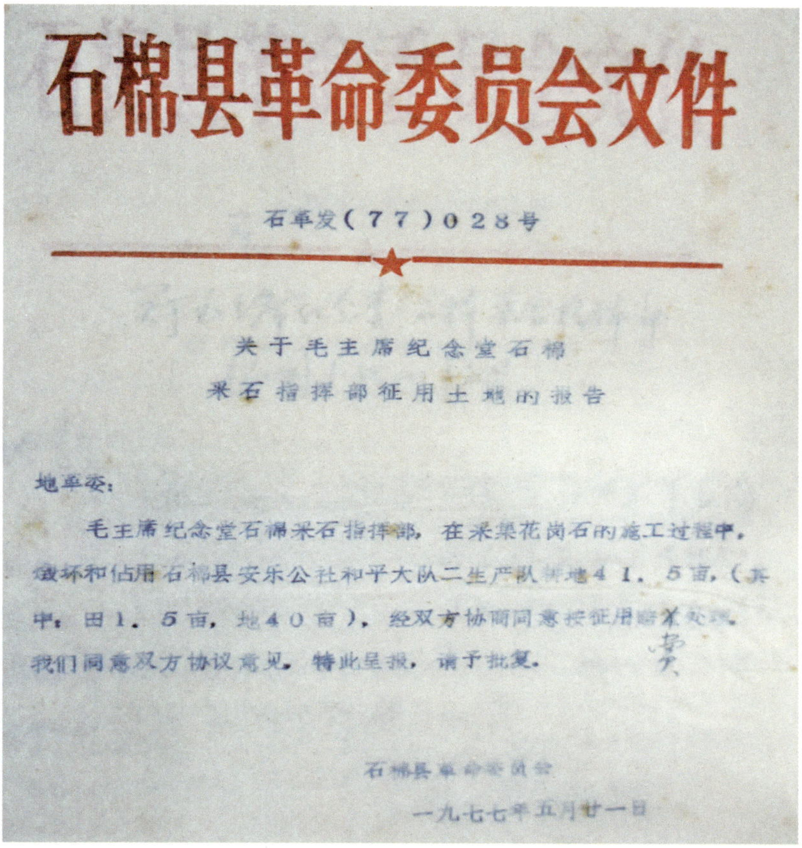

石棉县革命委员会文件

石革发（77）028号

关于毛主席纪念堂石棉
采石指挥部征用土地的报告

地革委：

毛主席纪念堂石棉采石指挥部，在采集花岗石的施工过程中，损坏和佔用石棉县安乐公社和平大队二生产队耕地41．5亩，（其中：田1．5亩，地40亩），经双方协商同意按征用赔偿处理。我们同意双方协议意见，特此呈报，请予批复。

石棉县革命委员会

一九七七年五月廿一日

▲ 毛主席纪念堂石棉采石指挥部征用土地报告

▲ 采石纪念物品

▲ 毛主席纪念堂红色花岗石由车队转运到汉源乌斯河火车站运往北京

熊猫故乡

1869 年 4 月 1 日，法国博物学家阿尔芒·戴维在穆坪（今四川省雅安市宝兴县）的大山中，首次发现了生物界的奇特物种大熊猫。随着大熊猫的发现，在世界许多国家和地区引起了持续至今的“熊猫热”。

1957 年 5 月 18 日，象征着和平友好的大熊猫“平平”“碛碛”送到了苏联莫斯科国家动物园。“平平”“碛碛”均来自宝兴县，它们是中华人民共和国成立后首次走出国门的“国礼”大熊猫。从 1957 年起到 1982 年，国家先后从宝兴县调走野生大熊猫 130 多只，其中 17 只作为“国礼”赠送给苏联、联邦德国和朝鲜、美国、日本、法国、墨西哥、英国等 8 个国家（我国共送出“国礼”大熊猫 24 只，除宝兴县的 17 只外，天全县也送出“国礼”大熊猫 1 只）。

1979 年，按照国务院指示精神，四川筹建蜂桶寨省级自然保护区，1994 年 7 月，设立四川蜂桶寨国家级自然保护区。

2006 年 7 月 12 日，纵横成都、雅安、甘孜、阿坝 4 市（州）12 个县（市）的“卧龙—四姑娘山—夹金山四川大熊猫栖息地”成为世界自然遗产。

目前，全球首个大熊猫放归地花落雅安，8 只人工繁育的大熊猫经过野化训练后，在雅安市最南端石棉县栗子坪国家级自然保护区放归大自然。国家大熊猫公园正在建设中，雅安有 6 000 多平方千米，占行政区内 40.8%的面积划入大熊猫国家公园。

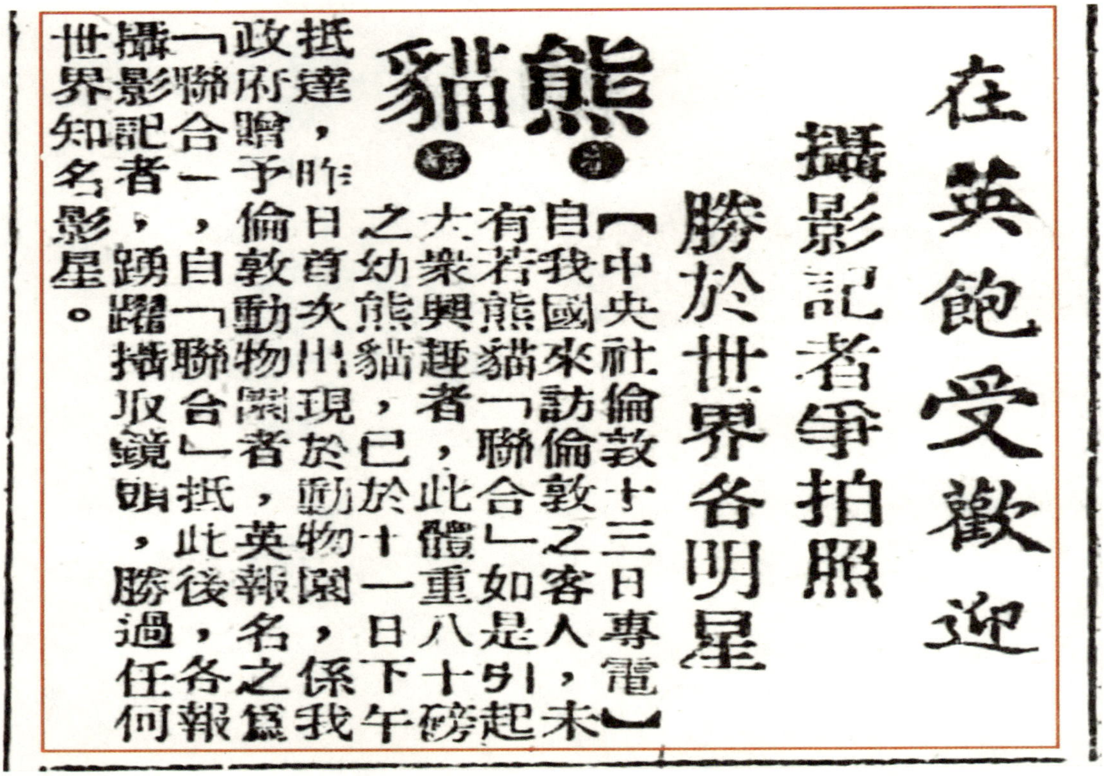

在英飽受歡迎
攝影記者爭拍照
勝於世界各明星
熊貓

【中央社倫敦十三日專電】自我國來訪倫敦之客人，未有若熊貓「聯合」如是引起大衆興趣者，此體重八十磅之幼熊貓，已於十一日下午抵達，昨日首次出現於動物園，係我政府贈予倫敦動物園者，英報名之爲「聯合一，自「聯合」抵此後，各報攝影記者，踴躍攜取鏡頭，勝過任何世界知名影星。

▲ 大熊猫在国外刮起旋风

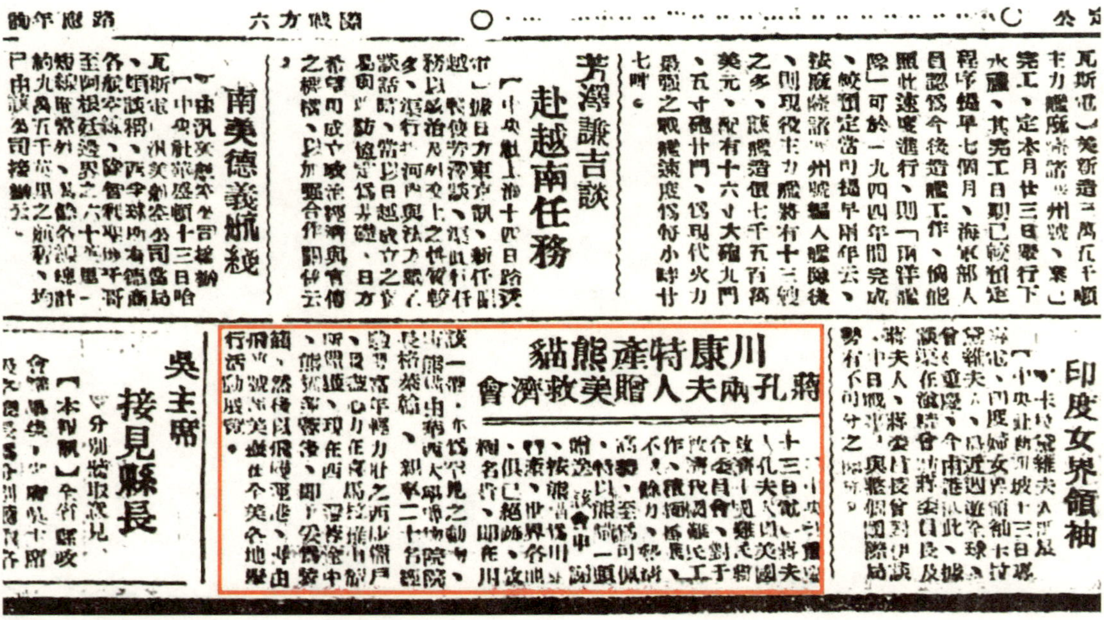

赴越南任務
芳澤謙吉談
南美德義航綫
印度女界領袖
吳主席接見縣長
川康特產熊貓
蔣孔兩夫人贈美救濟會

▲ 民国时期赠美国大熊猫

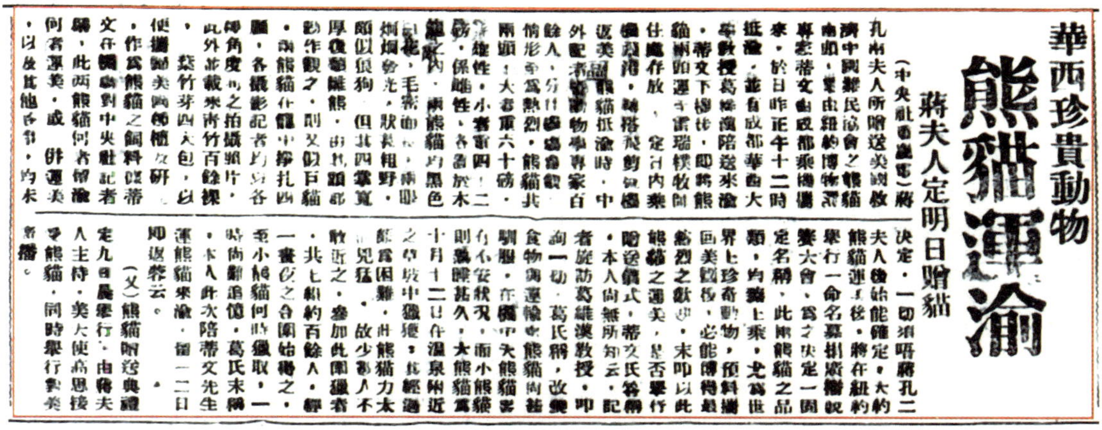

華西珍貴動物
熊貓運渝
蔣夫人定明日贈貓

（中央社重慶電）蔣孔兩夫人所贈送美國救濟中國難民協會之熊貓兩頭，業由紐約博物院專家蒂文由成都乘機攜來，於日昨正午十二時抵渝，並自成都華西大學教授葛維漢陪送來渝，蒂文下榻於[illegible]，即將熊貓兩頭運至[illegible]牧師住處存放，定日內乘機飛港，轉搭飛剪機返美。熊貓抵渝時，中外記者暨動物學專家百餘人，分往機場參觀，情形至爲熱烈。熊貓共兩頭，大者重六十磅，係雄性，小者重四十二磅，係雌性，各置於木籠之內。兩熊貓均黑色白花，毛密面小，兩眼炯炯發光，狀甚粗野，頗似狼狗，但其四掌寬厚，像[illegible]熊。由其頭部動作觀之，則又似巨貓。兩熊貓在籠中掙扎四顧，各攝影記者均爭各種角度而之拍攝照片，此外並載來新竹百餘棵，葉竹芽四大包，以便攜歸美國飼養及研究，作爲熊貓之飼料。蒂文在機場對中央社記者稱，此兩熊貓何者留渝，何者運美，或一併運美，以及其他各事，均未決定，一切須[illegible]蔣孔二夫人後始能確定。大約熊貓運美後，將在紐約舉行一命名募捐廣播晚宴大會，爲之決定一固定名稱，此兩熊貓之品類，均爲上乘，尤爲世界上珍奇動物，預料攜回美國後，必能博得最熱烈之歡迎。末叩以此熊貓之運美，是否舉行贈送儀式，蒂文氏答稱，本人尚無所知云。記者旋訪葛維漢教授，叩詢一切。葛氏稱，改變食物與運輸，在熊貓尚[illegible]馴服，在[illegible]中大熊貓實有不安狀況，而小熊貓則[illegible]時甚久，大熊貓爲十月十二日在溫泉附近之草坡中獵獲，其經過甚爲困難，此熊貓力大凶猛，故少[illegible]人不敢近之。參加此團獵者，共七組約百餘人，歷一晝夜之合圍始獲之。至小熊貓何時獵取，一時尚難追憶，葛氏末稱，本人此次陪蒂文先生運熊貓來渝，留一二日即返蓉云。

（又）熊貓贈送典禮定九日晨舉行，由蔣夫人主持，美大使高思接受熊貓，同時舉行對美廣播。

▲ 赠美国大熊猫新闻报道

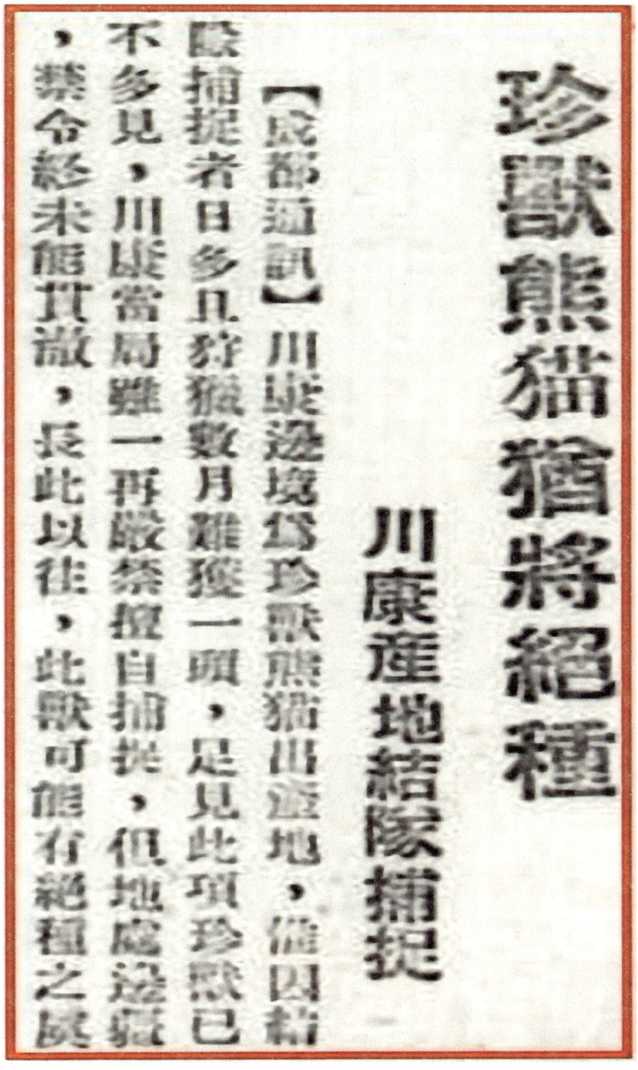

珍獸熊猫猶將絕種
川康産地結隊捕捉

【成都通訊】川康邊境爲珍獸熊猫出產地，僅因結隊捕捉者日多且狩獵數月難獲一頭，足見此項珍獸已不多見，川康當局雖一再嚴禁擅自捕捉，但地處邊疆，禁令終未能貫澈，長此以往，此獸可能有絕種之虞

◀ 民国时期，有识之士担忧大熊猫面临绝种危险

1944年孙明经用电影摄影机拍摄的大熊猫

关于建立自然保护区的报告

国务院国发（75）45号，川革发（79）36号文件，确定在我县蜂桶寨建立以保护大熊猫等珍稀动物为主的自然保护区，并做好大熊猫的驯化、饲养、繁殖、科研工作。机构全称为："四川省宝兴蜂桶寨自然保护区。"保护区的范围自马洛山的高店子到两河口以上的东河以东至锅巴岩（包括锅巴岩在内）以南与芦山接壤的地区，以西河为界。其中包括城关公社的官盲沟、豹子胧、教场沟、冷木沟，兴隆公社的杉木沟、甘木河，民治公社的火石溪、磨子沟、躲躲沟，盐井公社的邓池沟、磨子沟、青山沟、汪家沟、黄店子、锅巴岩，总面积为4·2万公顷（即63万亩，占我县总面积的1／7）。

保护区管理所设在盐井公社的蜂桶寨，并在锅巴岩、么店子各建一个下属的保护站。按最近省召开的自然保护区座谈会议精神人员编制拟定为22人，并按比例安排行政四名（包括公安派出所长一人），占20%，科技7名占30%，工人11名。除科技人员请省调配外，并请省林业局拨给招工指标15名。

自然保护区是新建单位，今年需管理所办公、生活用房一幢588平方米，饲养场两幢180平方米，保护站两个200平方米，共968平方米，需7·75万元，开办费1万元（用于购买办公用品，家具，划界，树立标桩等费用）。每年需事业费4·5万元（人员经费2·64

·1·

万元，其他事业费1·86万元）。

我县宝硗公路纵穿保护区50公里，需配交通工具汽车一辆，再配报话机四部（局、所、站各一部）。

以上报告如无不妥，请即审批，以便着手开展工作。

宝兴县革命委员会

一九七九年六月十九日

1979年，宝兴县提出建立大熊猫自然保护区的报告

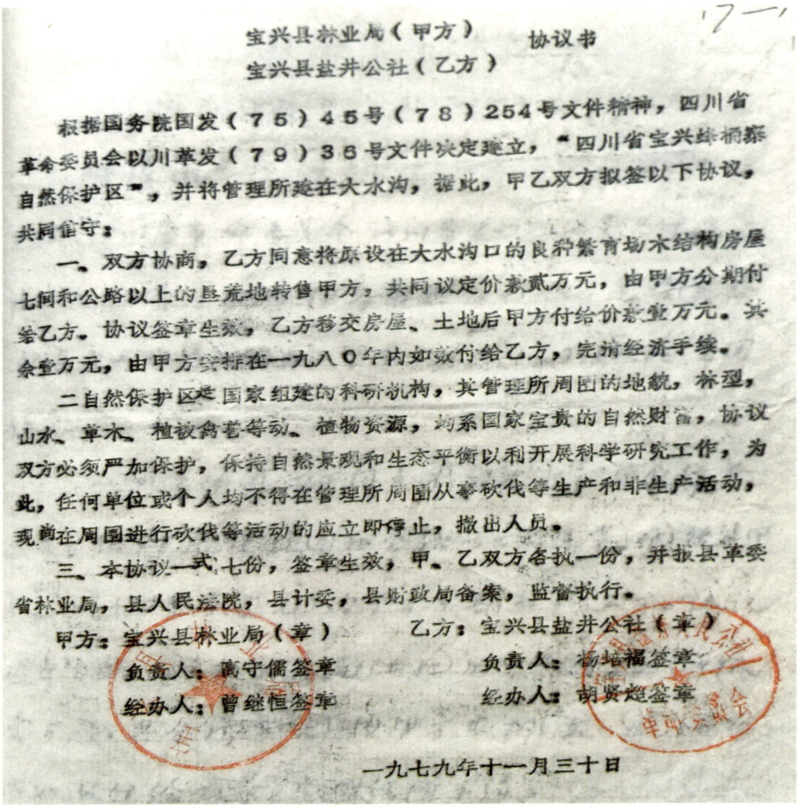

17—1

宝兴县林业局（甲方）　　协议书
宝兴县盐井公社（乙方）

根据国务院国发（75）45号（78）254号文件精神，四川省革命委员会以川革发（79）36号文件决定建立，“四川省宝兴蜂桶寨自然保护区”，并将管理所建在大水沟，据此，甲乙双方拟签以下协议，共同信守：

一、双方协商，乙方同意将原设在大水沟口的良种繁育场木结构房屋七间和公路以上的垦荒地转售甲方，共同议定价款贰万元，由甲方分期付给乙方。协议签章生效，乙方移交房屋、土地后甲方付给价款壹万元。其余壹万元，由甲方安排在一九八〇年内如数付给乙方，完清经济手续。

二自然保护区是国家组建的科研机构，其管理所周围的地貌，林型，山水、草木、植被禽兽等动、植物资源，均系国家宝贵的自然财富，协议双方必须严加保护，保持自然景观和生态平衡以利开展科学研究工作，为此，任何单位或个人均不得在管理所周围从事砍伐等生产和非生产活动，现尚在周围进行砍伐等活动的应立即停止，撤出人员。

三、本协议一式七份，签章生效，甲、乙双方各执一份，并报县革委省林业局，县人民法院，县计委，县财政局备案，监督执行。

甲方：宝兴县林业局（章）　　乙方：宝兴县盐井公社（章）
负责人：高守儒签章　　负责人：杨培福签章
经办人：曾继恒签章　　经办人：胡贤超签章

一九七九年十一月三十日

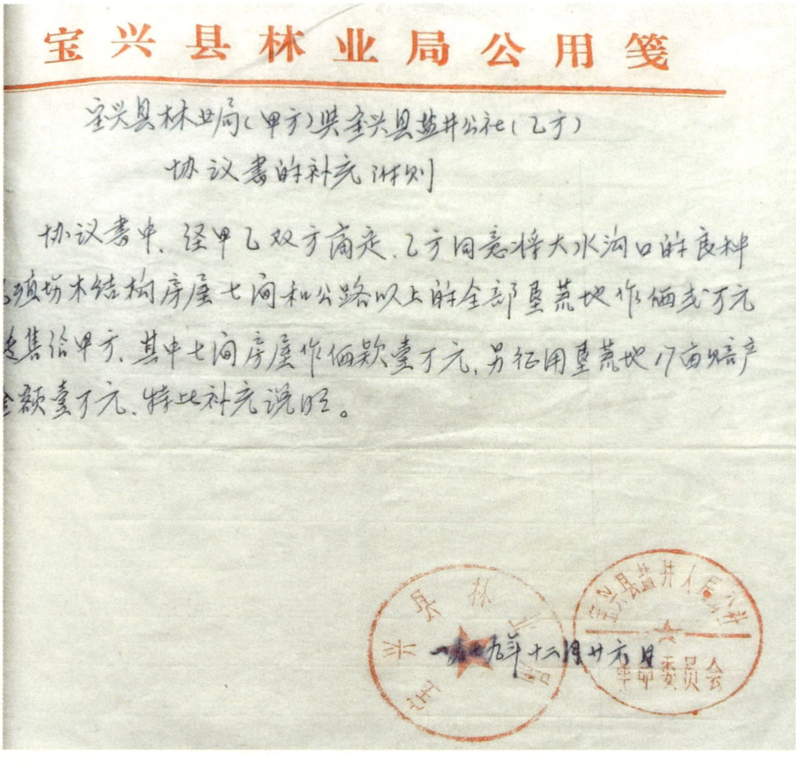

宝兴县林业局公用笺

宝兴县林业局（甲方）与宝兴县盐井公社（乙方）
协议书的补充附则

协议书中，经甲乙双方商定，乙方同意将大水沟口的良种繁殖场木结构房屋七间和公路以上的全部垦荒地作价贰万元出售给甲方，其中七间房屋作价款壹万元，另征用垦荒地17亩赔产金款壹万元，特此补充说明。

一九七九年十二月廿六日

宝兴蜂桶寨自然保护区决定将管理所建在大水沟

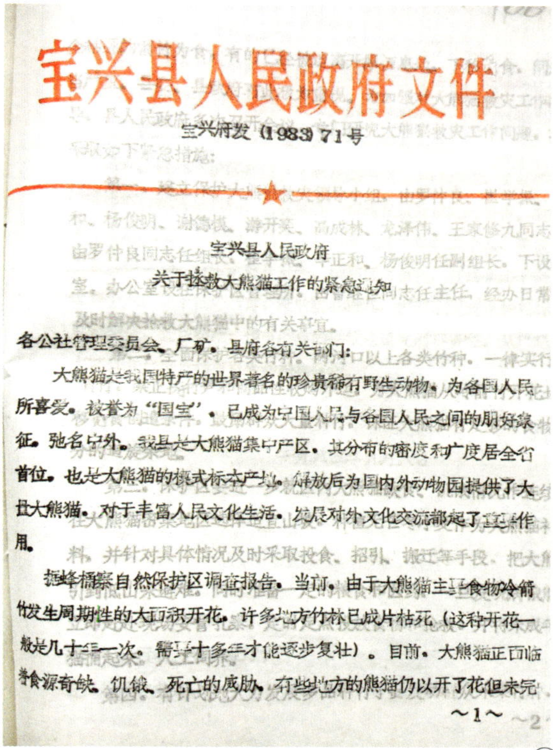

宝兴县人民政府文件

宝兴府发（1983）71号

宝兴县人民政府
关于拯救大熊猫工作的紧急通知

各公社管理委员会、厂矿、县府各有关部门：

大熊猫是我国特产的世界著名的珍贵稀有野生动物，为各国人民所喜爱，被誉为“国宝”，已成为中国人民与各国人民之间的朋友象征，驰名中外。我县是大熊猫集中产区，其分布的密度和广度居全省首位，也是大熊猫的模式标本产地。解放后为国内外动物园提供了大批大熊猫，对于丰富人民文化生活，发展对外文化交流都起了重要作用。

据蜂桶寨自然保护区调查报告，当前，由于大熊猫主要食物冷箭竹发生周期性的大面积开花，许多地方竹林已成片枯死（这种开花一般是几十年一次，需要十多年才能逐步复壮）。目前，大熊猫正面临着食源奇缺、饥饿、死亡的威胁，有些地方的熊猫仍以开了花但未完

~1~

①

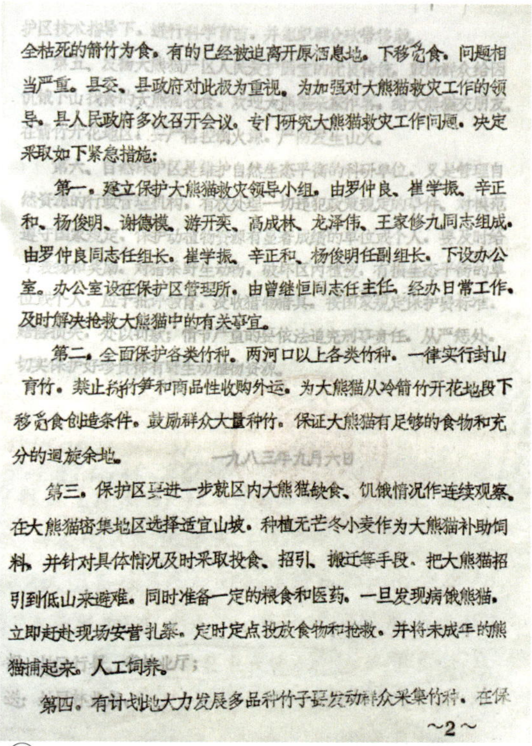

全枯死的箭竹为食，有的已经被迫离开原栖息地，下移觅食，问题相当严重。县委、县政府对此极为重视，为加强对大熊猫救灾工作的领导，县人民政府多次召开会议，专门研究大熊猫救灾工作问题，决定采取如下紧急措施：

第一，建立保护大熊猫救灾领导小组。由罗仲良、崔学振、辛正和、杨俊明、谢德模、游开荣、高成林、龙泽伟、王家修九同志组成。由罗仲良同志任组长，崔学振、辛正和、杨俊明任副组长。下设办公室，办公室设在保护区管理所，由曾继恒同志任主任，经办日常工作，及时解决抢救大熊猫中的有关事宜。

第二，全面保护各类竹种。两河口以上各类竹种，一律实行封山育竹。禁止挖竹笋和商品性收购外运。为大熊猫从冷箭竹开花地段下移觅食创造条件。鼓励群众大量种竹，保证大熊猫有足够的食物和充分的回旋余地。

第三，保护区要进一步就区内大熊猫缺食、饥饿情况作连续观察，在大熊猫密集地区选择适宜山坡，种植无芒冬小麦作为大熊猫补助饲料，并针对具体情况及时采取投食、招引、搬迁等手段，把大熊猫招引到低山来避难。同时准备一定的粮食和医药，一旦发现病饿熊猫，立即赶赴现场安营扎寨，定时定点投放食物和抢救，并将未成年的熊猫捕起来，人工饲养。

第四，有计划地大力发展多品种竹子，要发动群众采集竹籽，在保

~2~

②

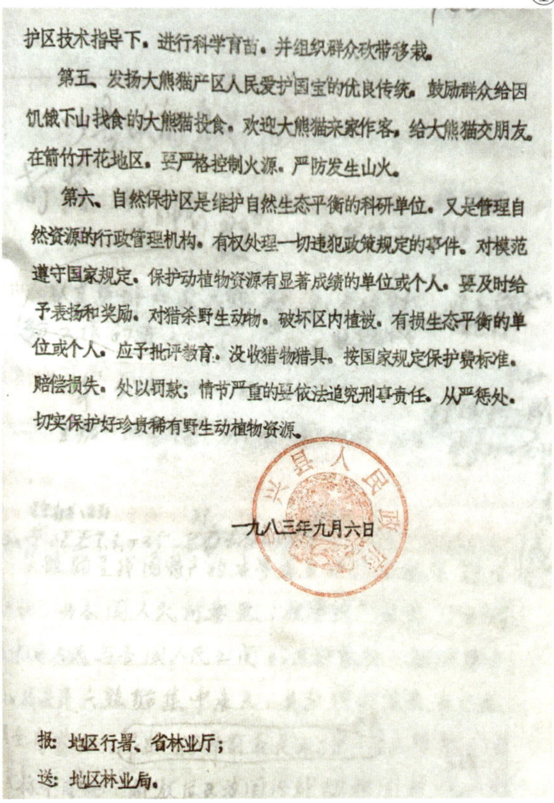

护区技术指导下，进行科学育苗，并组织群众砍带移栽。

第五，发扬大熊猫产区人民爱护国宝的优良传统，鼓励群众给因饥饿下山找食的大熊猫投食，欢迎大熊猫来家作客，给大熊猫交朋友。在箭竹开花地区，要严格控制火源，严防发生山火。

第六，自然保护区是维护自然生态平衡的科研单位，又是管理自然资源的行政管理机构，有权处理一切违犯政策规定的事件。对模范遵守国家规定，保护动植物资源有显著成绩的单位或个人，要及时给予表扬和奖励，对猎杀野生动物，破坏区内植被，有损生态平衡的单位或个人，应予批评教育，没收猎物猎具，按国家规定保护费标准，赔偿损失，处以罚款；情节严重的要依法追究刑事责任，从严惩处。切实保护好珍贵稀有野生动植物资源。

一九八三年九月六日

报：地区行署、省林业厅；

送：地区林业局。

③

▲ 1983 年，宝兴县发起拯救大熊猫行动

▲ 2009 年 4 月 29 日，世界首只异地放归大熊猫“泸欣”成功在石棉县栗子坪自然保护区放归

绿色发展

雅安市自1999年在全省率先启动退耕还林工程，市委、市政府高度重视退耕还林工作，以构建长江上游重要生态屏障为战略目标，以推进林业产业发展为主要抓手，与农业综合开发、农村经济结构调整、脱贫攻坚相结合，注重生态环境保护、农民增收致富、地方经济发展的协调统一，广泛调动人民群众积极性，全力实施好这项有史以来最大的生态建设工程，取得了显著成效。仅1999年至2009年，累计投入中央财政资金17亿元，共完成退耕还林6.28万公顷。2001年6月，时任国务院总理朱镕基到雅安视察时指出："生态就是你们的资源，就是你们的摇钱树，就是你们的生命线"，对雅安的退耕还林工程表示肯定，"雅安的退耕还林还草工作搞得很好、很扎实"。目前，雅安市森林覆盖率超过65%，居全省第一位。

2014年7月，国家发展改革委等国家部委印发了《关于开展生态文明先行示范区建设（第一批）的通知》（发改环资〔2014〕1667号），将雅安纳入第一批国家生态文明先行示范区建设。

"十三五"规划以来，雅安树牢"绿水青山就是金山银山"理念，生态文明建设取得新成绩。坚决扛起生态文明建设重任，切实筑牢长江上游重要生态屏障，森林覆盖率稳居全省首

位，被授予“大熊猫国家公园园地共建先行区”称号，获批全国森林旅游示范市，创成省级森林城市。全面落实河（湖）长制，PM2.5 浓度下降 16.4%，城市空气、地表水环境质量位居全国前列。中央、省环保督察反馈问题和长江经济带突出生态环境问题整改完成率分别达到 98.5%、98.9%和 90.3%，绿色产业加速发展。

2020 年 12 月 30 日，中共雅安市委四届九次全会审议通过《中共雅安市委关于制定国民经济和社会发展第十四个五年规划和二〇三五年远景目标的建议》，明确提出到 2025 年，雅安基本建成全国绿色发展示范市。目前雅安市全力推进全域性、开放式、活态化的“国际熊猫城”建设，按照中共四川省委对雅安建设绿色发展示范市的明确定位，探索走出一条经济发展与生态保护良性互动的路子，努力推动绿美生态建设、绿色产业发展、绿美城乡建设、绿色生活方式推广、绿色发展制度创新“五个走在全省前列”。

雅安生产的边茶称“南路边茶”，历为供应西藏、青海等地藏族聚居区的传统商品，雅安边茶的制造、运销行业兴盛，终年人背畜运往返络绎于汉藏地区（图为雅安解放前背夫背运茶叶进入藏族聚居区）

雅安茶叶走进世博会参展（图为旧金山〈美国〉世博会 1915 年 3 月 9 日中国馆开幕当日盛况）

▲ 雅安城区青衣江平羌渡口的边茶运输

▲ 川康公路修通前茶马古道上的最后的马帮

▲ 雅安茶叶源源不断运销西藏

▲ 2001 年 5 月，南方片区退耕还林现场会在雅安召开

古道新貌

1912年中华民国建立后，改上川南道为雅州府，直隶于四川省。1913年恢复道制，1914年改上川南道复名建昌道。以后又历经改设川边经略使署、川边镇守使署、上川南道、西康屯垦使署。1930年废建昌道，各县直属四川省。1935年四川防区制结束，四川省政府划雅安地区为四川省第十七行政督察区，并在雅安设行政督察区专员公署。1939年1月1日建立西康省。1950年2月1日，中国人民解放军进驻雅安，1950年4月1日，成立雅安行政督察专员公署。1950年4月26日，西康省人民政府宣布成立，雅安成为西康省省会。1955年9月，西康（金沙江以东）、四川两省合并，雅安专区隶属四川省。2000年6月经国务院批准撤地设市，同年12月举行挂牌仪式。

古道雅安，沧桑巨变！人们仅仅从档案资料中的交通建设这个“窗口”，就能窥见作为川藏茶马古道起点和南方丝绸之路重镇雅安百年来的巨大变迁和跨越发展。从百年前的川藏铁路之议，到民国时期成雅公路修建，及至乐西、康藏、雅富公路，到中华人民共和国成立后川藏公路、成昆铁路，以及改革开放和新世纪以来的成雅高速、雅西高速、雅乐高速公路和川藏铁路成雅段等交通项目建设，雅安已经从山水相隔变为“路网”纵横，并展现出雅安一个个时代发展变迁的清晰画卷。

“绿水青山就是金山银山”，如今雅安的区位优势正在转化为经济优势，资源优势正在有效转化为社会发展动力。有“天府之肺 熊猫故乡”之称的雅安，未来将翻开新的一页！

▲ 雅安境内山多、水多，交通较为不便（图为1933年宝兴通往硗碛途中的盐井峁壁栈道）

▲孫中山全國鐵路之籌畫

孫中山北來政府待商之政策甚多而中山生平所主張則中國銀行之外惟以籌畫全國鐵道為第一主義中山到京後即電邀詹君天佑洋員高林森來京開鐵路大會議解決全國鐵路經營方法惟現在川粵湘鄂四省之鐵路皆由各省繼續辦理然非設聯合會不足以資聯絡日前由鄂省發起四省鐵路聯合會川省來電已表贊成舉李肇甫熊成章趙熙蒲殿俊劉聲元為代表粵湘鄂三省請推代表赴京先與中央政府開正式談判而中央政府則因蒙藏之亂知川張庫之鐵路關係緊要不早建築將來必落他國之手已飭交通部議定辦法惟大總統意見須俟孫中山到京方能解決然因俄人已與外蒙訂約將有建築蒙古鐵路權故先由外交部向各公使聲明謂其路須由中國自築以杜俄人之覬覦而參議院各議員已有人議及孫中山此次來京其惟一之志願即係籌欵於十年之內修齊中國鉄路籌欵問題將來必由本院議決本院對於興築鉄路利民便國之事業只有贊成而無反對但築路之欵無論內籌外借必須籌度利害擬先開一全院討論會詳細研究俟孫中山提出議案時再正式會議分別准駁以昭慎重

▲ 100年前，孙中山就提出建设川藏铁路的梦想，但是由于各种条件的限制，川藏铁路建设计划一直未能如愿得到实施。如今，川藏铁路部分重点控制性工程已经动工修建，川藏铁路梦想正在变为现实

20 世纪 70 年代通车的成昆铁路为中国西南地区的干线铁路之一，线路全长 1 096 千米（图为汉源境内成昆铁路乌斯河段“一线天”桥）

2004 年 12 月 31 日，新建长 240 米、宽 32 米的雅安大桥通车

▲ 世界首创设计的雅西高速公路双螺旋隧道

▲ 雅西高速公路是连接雅安市和西昌市的高速公路，全长 240 千米，是北京至昆明高速公路(G5)和八条西部大通道之一甘肃兰州至云南磨憨公路在四川境内的重要组成部分。起于雅安对岩镇，经雨城、荥经、汉源、石棉，止于冕宁县泸沽镇，四车道，设计时速 80 千米，总投资约 206 亿元。2007 年动工，2012 年 4 月全线通车(图为雅西高速公路观音岩大桥)

▲ 成雅段是川藏铁路全线最早动工，也将是最早建成运营的段落，设计时速160千米。2019年1月5日零时起，全国铁路实施新的列车运行图，其中新增成都至雅安铁路动车组列车日常线

▲ 2018年12月28日，川藏铁路成雅段列车通车(图为雅安火车站)

▲ 2018年12月28日上午7时29分，首列成雅动车自成都发车前往雅安（图为首列成雅动车乘客们展示乘车车票纪念）

▲ 2018 年 12 月 28 日，首列成雅动车驶往雅安（图为首列成雅动车乘客在接受采访）

▲ 雅安新貌

瀑电建设

2004年3月30日，大渡河瀑布沟水电站开工。

大渡河水电基地是国家规划的十三大水能基地之一。其中，瀑布沟水电站是国家“十五”规划重点工程和西部大开发标志性工程，同时也是大渡河下游的控制性水库，是一座以发电为主，兼有防洪、拦沙等综合效益的特大型水利水电枢纽工程。该水电站总装机360万千瓦，水库总库容53.9亿立方米，多年平均发电量147.9亿千瓦时。

1958年，成都水电勘测设计院对瀑布沟水电站首次进行查勘规划工作。1967年，成都水电勘测设计院对瀑布沟水电站坝址进行初步勘探工作。1988年8月，瀑布沟水电站完成可行性研究报告，1989年获能源部批复。1993年12月，瀑布沟水电站完成工程初步设计报告，1994年获电力部批复。

2001年3月15日，全国人大九届四次会议将瀑布沟水电站工程列为国家“十五”规划开工项目。2009年11月1日上午10时16分，瀑布沟水电站2号导流洞开始下闸，10时22分下闸成功，标志着瀑布沟水电站水库正式进入蓄水阶段，首批两台机组发电。2010年12月26日第六台机组投产。

在瀑布沟水电站建设中，瀑电库区汉源、石棉、甘洛三县总共有超过10万移民搬迁安置，极大地支援了国家重点水电建设工程。

▲ 20 世纪 80 年代，专家在瀑电大坝坝址地考察

▲ 瀑电大坝下游原貌

▲ 2004年3月30日，国家西部大开发标志性工程——瀑布沟水电站开工

▲ 为了支持国家重点工程建设，3.4万多瀑电移民离开故土举家搬迁（图为汉源移民搬迁到雨城区大兴新家入住）

▲ 外迁移民工作总结表彰暨迁复建工程建设动员大会

▲ 重达数吨的瀑电移民档案

▲ 2009 年 11 月 7 日，总装机 360 万千瓦的瀑布沟水电站建成投产，首台机组正式发电

芦山地震

2013 年 4 月 20 日上午 8 时 02 分，一场突如其来的灾难，打破了这里的秀雅与安宁。以芦山县龙门乡为震中的 7.0 级芦山“4·20”强烈地震，共造成雅安 6 县 2 区 148 个乡镇（街道）受灾，受灾面积 1.25 万平方千米，占全市面积 81.2%。

全市受灾人口 152 万人，占全市总人口的 97.4%；176 人遇难，12 614 人受伤。全市城乡住房严重受损，多数结构性破坏严重，成为“立体废墟”，震中危房比例大约为 98%。灾害发生后，中央和省、市、县四级均第一时间启动Ⅰ级应急响应；党和国家领导人赶赴灾区一线指导抗震救灾工作，亲自调集救援力量和救灾物资；四川省委、省政府主要领导踏余震、冒飞石，紧急赶往震中，坐镇一线科学指挥；雅安全市人民万众一心、共御巨灾。

三年重建，涅槃重生，践行新路。

在党中央、国务院巨大关怀和四川省委省政府、雅安市委市政府的正确领导下，在各级领导的关心支持和社会各界帮助下，雅安人民万众一心、众志成城抗震救灾，倒排工期、挂图作战，全力加快完成灾后恢复重建任务，芦山 7.0 级强烈地震灾区面貌发生了天翻地覆的巨变！

到 2016 年，芦山地震灾区三年恢复重建任务胜利完成，不仅受灾群众住上了好房子，基础设施、公共服务实现整体跨越，而且产业发展、城乡居民收入大幅提升，走出了一条新形势下“中央统筹指导、地方作为主体、灾区群众广泛参与”的灾后恢复重建新路子。

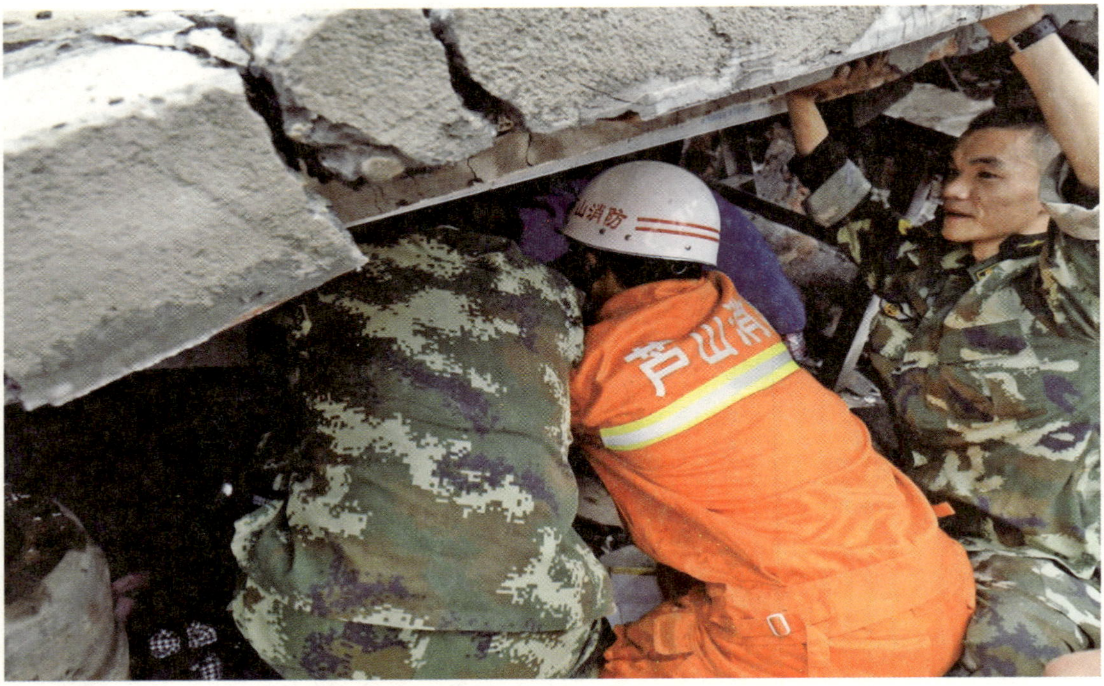

▲2013 年 4 月 20 日上午 8 时 02 分，四川雅安芦山县发生 7.0 级强烈地震，176 人遇难，12 614 人受伤（图为消防官兵正在救援地震废墟中被困的受伤群众）

◀2013 年 4 月 20 日，四川雅安芦山县发生 7.0 级强烈地震。其中芦山县的龙门乡、宝盛乡、太平镇三地受灾最为严重（图为救援人员在宝盛乡救出一名受伤群众）

▲ 2013 年 4 月 20 日，武警四川总队一支队官兵在芦山县清仁乡进行搜救

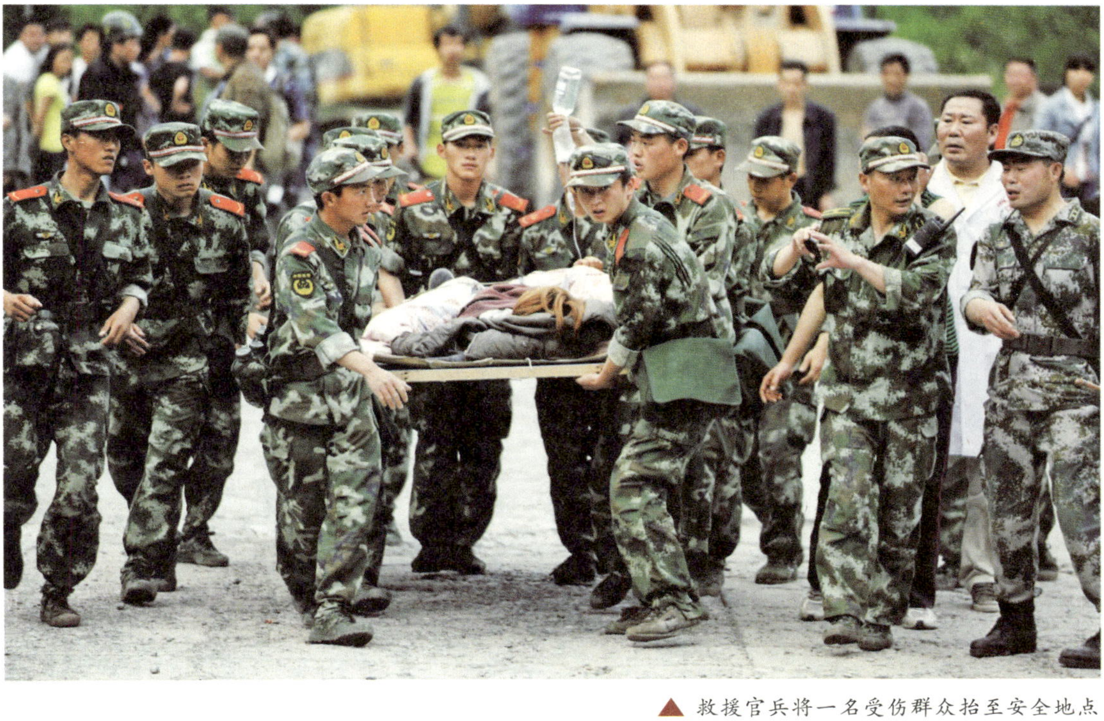

▲ 救援官兵将一名受伤群众抬至安全地点

▲ 救援队伍正在紧急挺进地震灾区

四川雅安芦山县发生7.0级强烈地震，灾情牵动着亿万同胞的心，人们用不同的方式为雅安地震灾区人民祈福，哀悼地震遇难同胞（图为2013赛季中国足球超级联赛第6轮比赛中，山东鲁能主场对阵辽宁宏运，现场球迷为雅安地震灾区同胞祈福加油）

震中龙门灾后恢复重建新貌

▲ 产村相融的龙门白伙村震后重建新貌

▲ 重建后的芦山飞仙关北场镇新貌

▲ 重建后的芦山飞仙关南场镇新貌

脱贫攻坚

自脱贫攻坚战役打响以来，雅安市共精准识别出建档立卡贫困人口 9.4 万人、建档立卡贫困村 261 个，并呈现出“插花式”贫困分布广、中高山区贫困程度深、因病因残群体占比高等特点。同时，8.3%的贫困发生率，更是让雅安位居全省“四大片区”外 9 个市（州）首位。

至 2018 年，雅安市提前两年实现现行标准下所有农村贫困人口稳定脱贫、贫困村稳定退出，进入与乡村振兴相融的巩固提升阶段，并在至 2020 年的两年中，实现脱贫成效的巩固和夯实。据统计，2014 年至 2020 年期间，雅安市农村贫困人口年人均纯收入由 2 540 元大幅提升至 9 908 元。仅 2020 年决战决胜脱贫攻坚收官之战，雅安全市投入资金 3.36 亿元，实施年度扶贫项目 409 个，持续巩固脱贫攻坚成果。建立防止返贫监测和帮扶工作机制，帮助 3.6 万名贫困劳动力返岗务工。顺利通过脱贫攻坚国家普查和非贫困县省级调查。生态环境持续改善。

如今，脱贫攻坚工作取得胜利后，全面推进乡村振兴成为“三农”工作重心的历史性转移。雅安已将巩固拓展脱贫攻坚成果同乡村振兴有效衔接作为贯穿整个“十四五”规划时期的重要任务，再踏新征程。

▲ 各级下发的脱贫攻坚工作文件

▲ 2004 年 2 月，汉源县永利乡悬崖村古路村

▲ 2017 年 9 月，峡谷之巅，古路彝寨盼来舒心用电

▲ 古路村在脱贫攻坚中，投资 2 000 多万元建成了索道，方便村民们出行。村里还建设了村道公路，发展核桃、花椒等种植业，村民全部实现脱贫摘帽(图为 2020 年 6 月的古路村)

▲ 宝兴县五龙乡晚熟枇杷产业，在脱贫攻坚中助农增收致富

▲ 汉源县清溪镇中高山群众通过种植花椒致富

雨城区周公山镇积极引进龙头农旅科技示范企业，发展特色种植和体验采摘旅游，带动当地群众脱贫奔小康

石棉县全国人大代表毛珍芳正在给前来孟获城研学旅游的团员们讲述当地乡村在脱贫攻坚中的巨变

抗击疫情

2020 年初，新冠肺炎疫情在武汉爆发。新冠肺炎疫情是中华人民共和国成立以来我国遭遇的传播速度最快、感染范围最广、防控难度最大的一次重大突发公共卫生事件。党中央、国务院迅速反应，1 月 23 日，武汉封城，全国上下进入抗击新冠肺炎疫情战时状态。1 月 24 日，雅安市首例新冠肺炎病例确诊。全市启动突发公共卫生事件Ⅰ级响应，按照“坚定信心、同舟共济、科学防治、精准施策”总要求，迅速打响了一场与时间赛跑、与病魔抗争的疫情防控人民战、总体战、阻击战。第一时间成立市委应对新冠肺炎疫情工作领导小组和市应对新冠肺炎疫情应急指挥部，全市各级各部门迅速行动，取消春节休假，25 个发热门诊、335 张治疗留观床位、228 个集中医学观察房间，交通要道、车站、重点场所体温监测卡点共计 41 个全部部署完毕，严阵以待。暂停公共文化活动 266 场次，责令整改或劝阻群体性聚餐 2 011 场次、77 579 桌次，暂时关闭景区 34 个，暂时关闭寺庙等宗教场所 40 个，全市停运 87%的客运线路和 100%省际班线，设立全市交通检疫点最多时达到 250 个（包括高速公路出口、国省干线、农村公路），累计检查车辆

38 万台次，检疫 76 万人次，有效切断疫情输入，整个雅安按下了“暂停键”。全市广大党员干部群众积极响应疫情防控政策要求，不出门、不扎堆、不聚集，用 33 天时间实现全市疫情应急响应级别降为Ⅱ级，用 47 天时间实现确诊病例首次清零。截至 2021 年 5 月，全市累计确诊病例 8 例，已累计治愈出院 8 例，新冠肺炎发病率处于全国、全省较低水平。

疫情发生以来，广大医务工作者临危不惧、挺身而出、迎难而上，冲锋在疫情防控第一线，全力保护人民生命安全和身体健康。全市各级党组织充分发挥战斗堡垒作用，党员干部日夜坚守、顽强拼搏。雅安全市人民万众一心，社会各界同舟共济，实现“疫情零输出、病人零死亡、医务人员零感染”，并最终取得了战“疫”的阶段性胜利。

▲ 疫情发生以来，全市医护、公安、交通、民兵等力量日夜坚守 250 个交通卡点，有效切断了疫情输入关口（图为雨城区大兴卡点防控人员坚守岗位）

▲ 天全县思经乡党员干部进村宣传防疫知识

▲ 基层村组干部在进村卡点值守，宣传防疫知识，阻断疫情传播

▲ 荥经县在重点交通卡点雅西高速公路荥经出口处设立临时疫情检查点

▲ 在风雪交加的石棉县拖乌山，防疫人员坚守岗位，24 小时不休息对过往车辆人员进行检查，严密防控疫情

雅安市疾病预防控制中心全体职工
迎战决心书

疫情就是命令！面对突如其来的新型冠状病毒感染的肺炎疫情，我中心全体党员、干部职工决心：**充分发扬甘于奉献、勇于逆行的疾控精神，直面挑战、迎难而上、全力以赴，无论生死，不计报酬，以义无反顾的决心、战之必胜的信心毅然投身到疫情防控第一线，坚决当好人民的健康卫士，坚决为全市人民健康牢筑安全防线！**

迎战人：

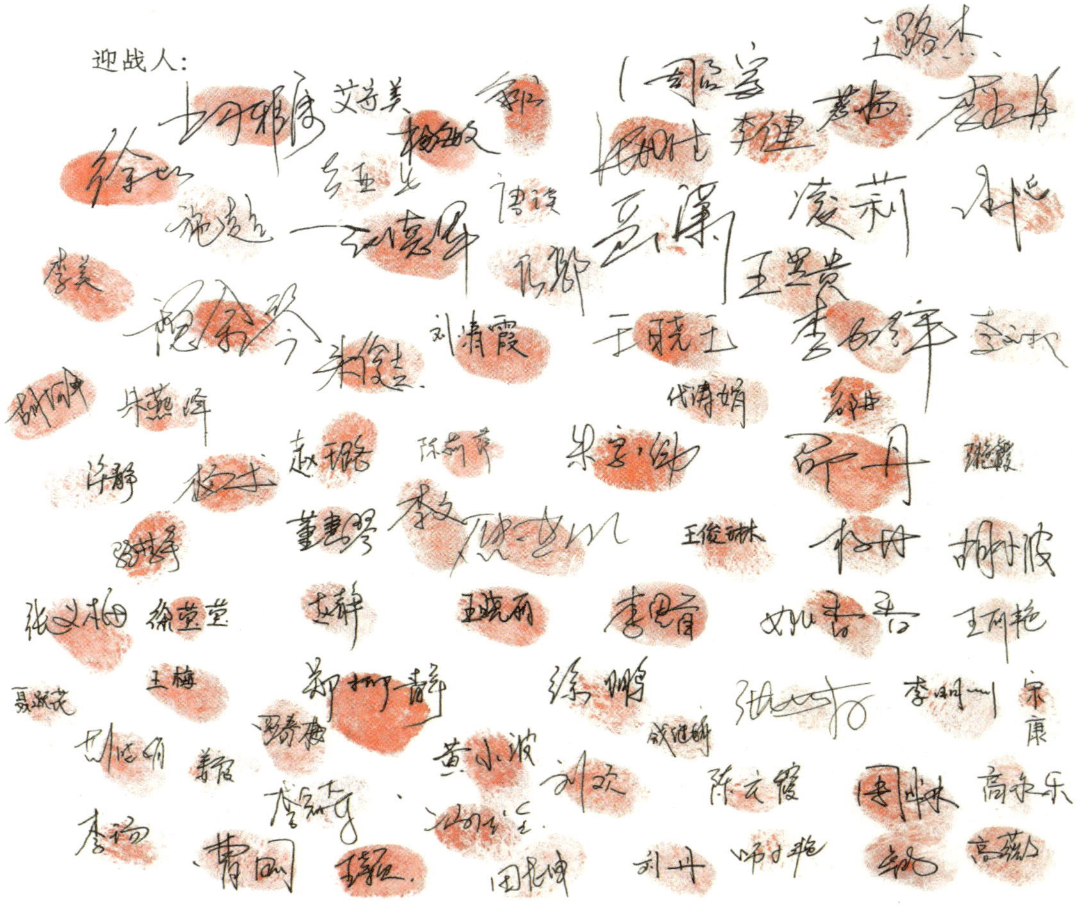

新冠肺炎疫情发生后，雅安市疾病预防控制中心全体职工取消春节休假，写下迎战决心书，不顾个人安危，全力投入抗疫一线开展流调溯源、转运隔离、核酸检测等重点工作，为全市抗击新冠肺炎疫情做出了重大贡献（图为雅安市疾病预防控制中心全体职工迎战决心书）

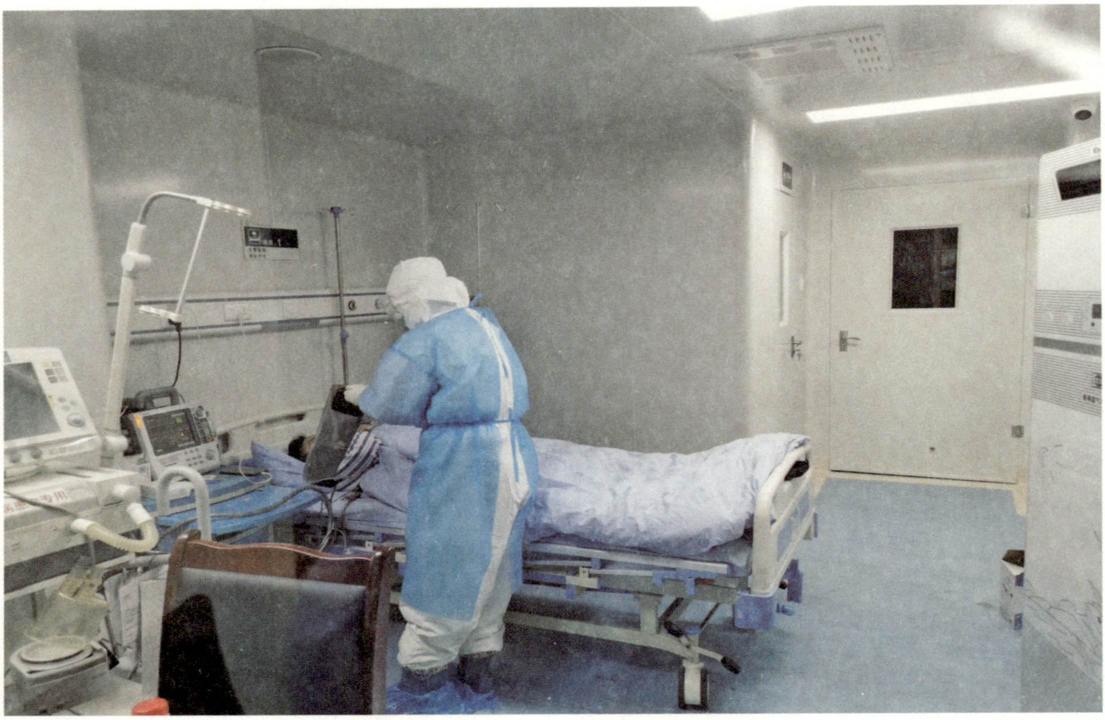

▲ 雅安市人民医院医护人员在隔离病房护理首例确诊患者

▲ 2020 年 2 月 8 日，雅安市第一例新冠肺炎确诊患者经全体医护人员历时 16 天全力救治，治愈出院

汉源县自发组织向湖北捐赠蔬菜。2020 年 2 月 10 日上午 9 时开始收购，11 日凌晨 2 时装好 25 吨果蔬从汉源出发，跨越 1 300 多千米，24 小时日夜兼程，12 日凌晨 2 时安全到达湖北省襄阳市，定向用于当地一线环卫工和保障性住房居民的后勤供应，而当年援建汉源县清溪镇，建设学校、政府、医院和一些公共设施的正好就是襄阳市，体现了汉源儿女对湖北亲人最好的感恩和支援

▲ 2020 年 2 月 9 日，雅安援鄂医疗队出发前往湖北支援抗击新冠肺炎疫情

▲ 2020 年 3 月 31 日，雅安人民欢迎抗击新冠肺炎疫情援鄂医护人员返家

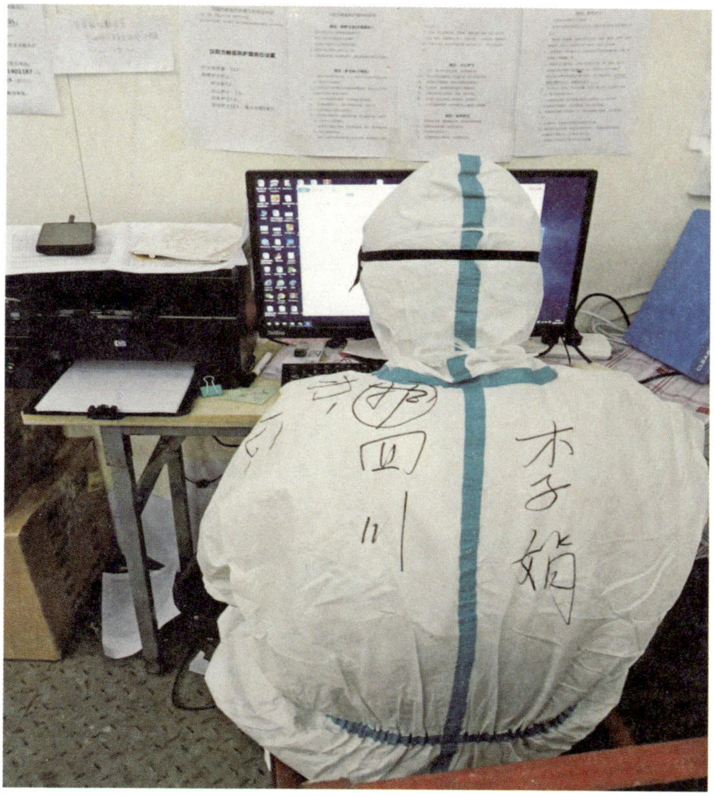

雅安援鄂医疗队护士李娟被评为全国抗击新冠肺炎疫情先进个人

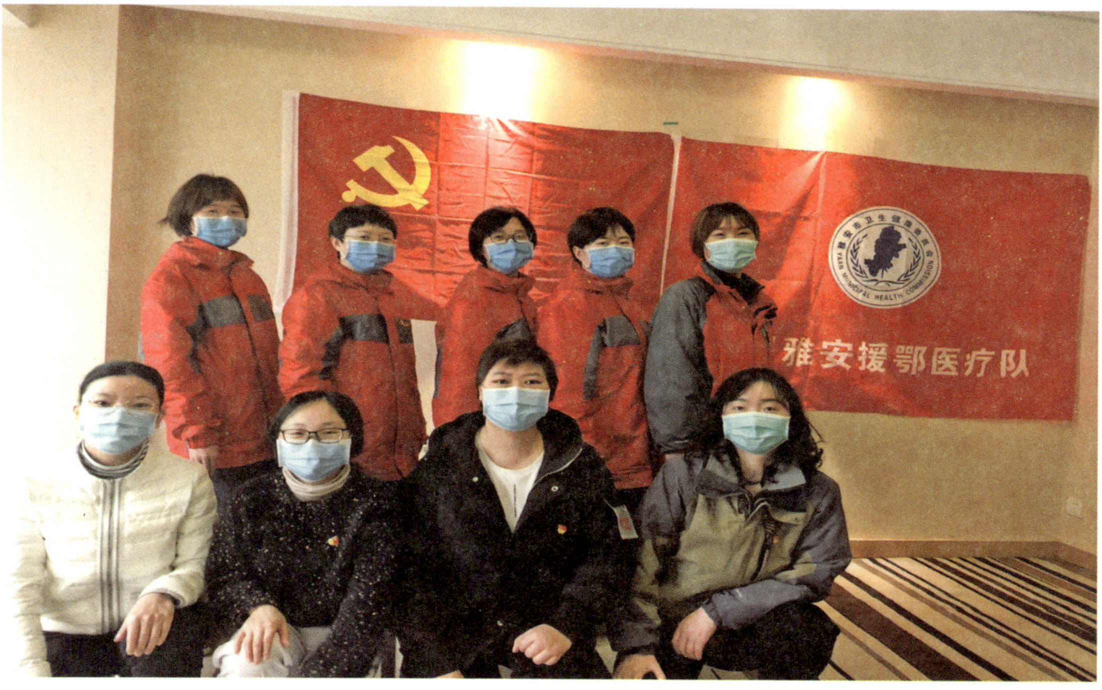

雅安援鄂医疗队5名队员火线入党，在党旗面前庄严宣誓自愿加入中国共产党

▲ 汉源县医院援鄂医疗队员抗击新冠肺炎疫情归来，受到当地政府和人民热烈欢迎

▲ 2021 年 5 月，雅安市科技馆新冠病毒疫苗接种现场

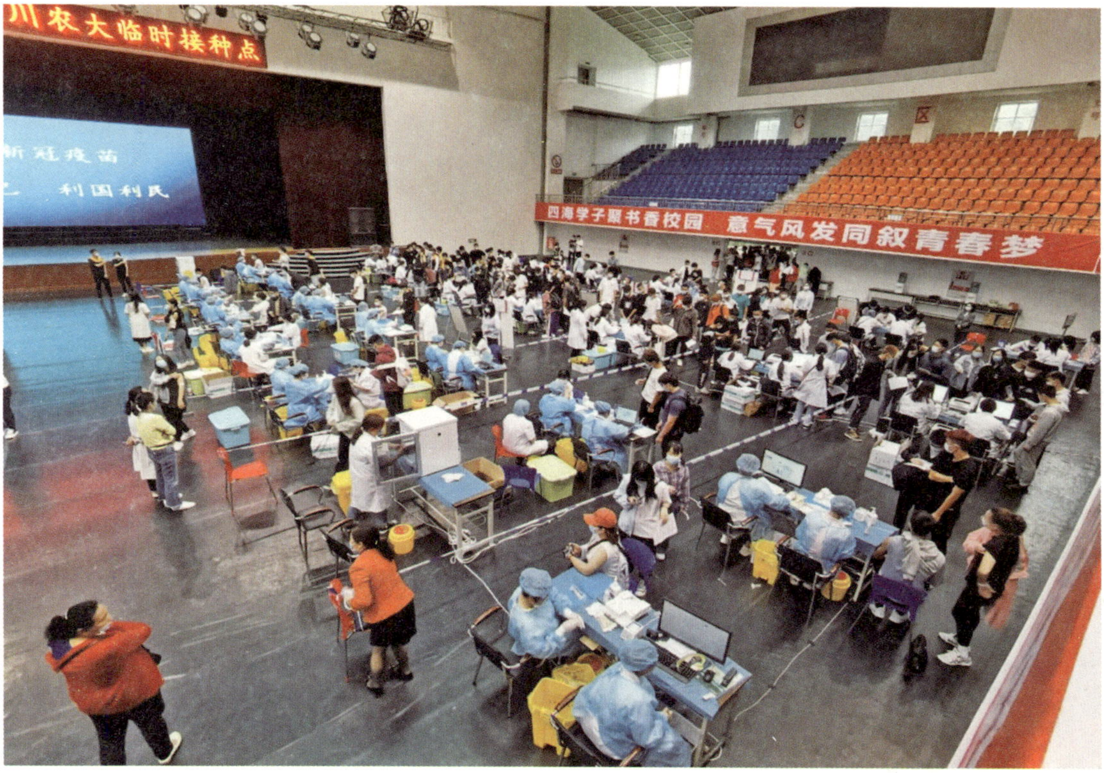

▲ 四川农业大学新冠病毒疫苗接种现场

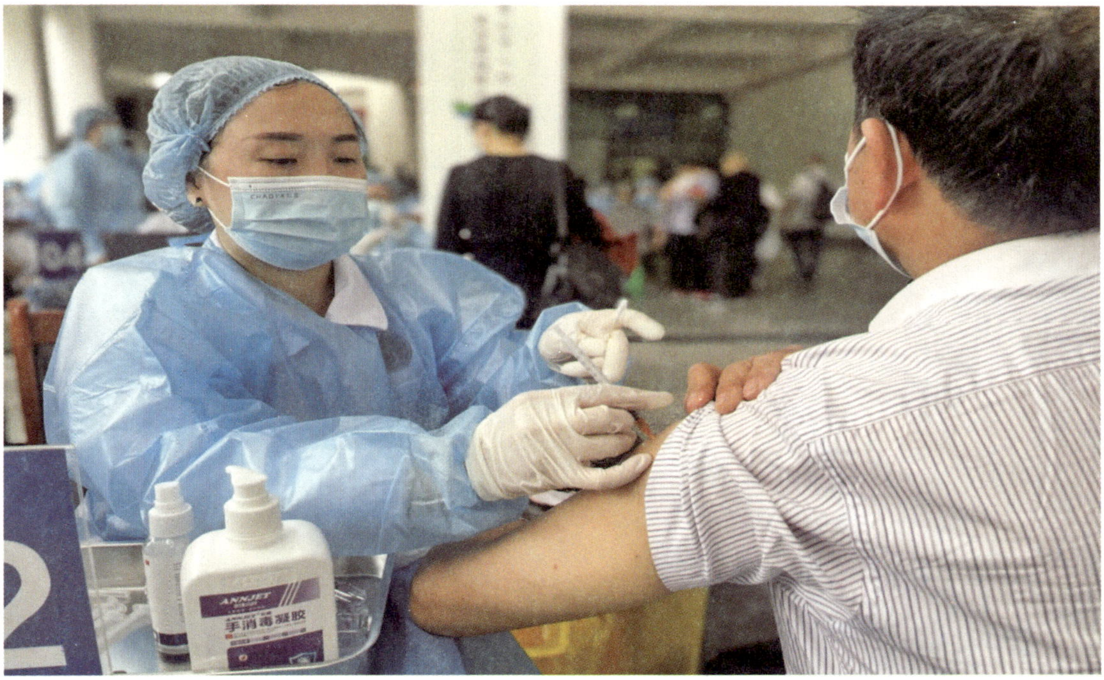

▲ 群众自愿接种新冠病毒疫苗

后 记

本书在资料搜集整理和成书编辑过程中，得到了雨城、名山、天全、芦山、宝兴、荥经、汉源、石棉等区县档案馆及国内多家档案馆、图书馆、博物馆的大力支持。特别是国家图书馆等全国20家单位联合推出的古籍数字资源共享发布活动，免费服务大众阅览和学术研究，对本书资料搜集给予了帮助。

在本书编纂期间，中共雅安市委党史研究室（雅安市地方志编纂中心）、部分区县方志办、“4·20”芦山强烈地震纪念馆、新华社资料库，及摄影师罗光德、郝立艺、黄刚、白楼、汤小强等提供了精美珍贵图片予以支持，特此鸣谢。

由于历史变迁和保存条件等的诸多因素限制，部分档案资料、图片的作者无法确切查知，在此一并致谢。由于编者水平有限，加之时间仓促，对档案背后的风云故事一一详细解说还不够，留待广大读者补充完善及批评指正。

雅安市档案馆

2021年6月